新型农业经营主体
农业技术采用行为研究

Study on Agricultural Technology
Adoption Behavior of
New Agricultural Business Entities

朱萌 沈祥成 ｜ 著

社会科学文献出版社
SOCIAL SCIENCES ACADEMIC PRESS (CHINA)

前　言 ◀

　　研究种稻大户这一新型农业经营主体的农业技术采用行为，对于促进农业技术的广泛采用和推广应用，及保障我国粮食安全具有重大的战略意义。鉴于此，本书以江苏省南部 395 户种稻大户这一新型农业经营主体为研究对象。首先，界定其农业技术采用行为研究的相关重要概念，并详细介绍这一研究的理论基础。接着，详细阐述农户采用农业技术的决策动机、特征，农户农业技术采用行为改变的策略以及其技术采用行为和技术需求行为的联系与区别。基于江苏省南部 395 户种稻大户的微观调研数据，以新品种、病虫草害防治、测土配方施肥及机械化技术为例，运用二元 Logistic 方法分别实证研究影响种稻大户新品种、病虫草害防治、测土配方施肥及机械化技术需求的因素，然后直接实证研究影响种稻大户采用农业技术的因素。根据功能以及作用，笔者将农业技术分为增产型技术（包括新品种技术、高产栽培技术、测土配方施肥技术）和环境友好型技术（包括有机肥技术、测土配方施肥技术、抛秧技术、机插秧技术）两大类，然后运用二元 Logistic 回归、二元 Probit 回归、LPM 模型研究粮食补贴政策对稻农采用增产型技术的影响，并运用二元 Probit 回归、二元 Logistic 回归、LPM 模型研究资源禀赋对环境友好型技术采用行为的影响。基于湖北省传统散户和江苏省种稻大户的调查数据，以保护性耕作技术（包括免耕技术、少耕技术、病虫草害防治技术）这一种环境友好型技术为例，运用二元 Probit 模型对比研究这两种不同类型稻农此种技术采用行为的影响因素及其异同，并对导致影响因素存在差异的原因进行深入研究，再运用解释结构模型分别研究他们此种技术采用行为各影响因素之间的层次结构与相互关系。通过上述系统的理论和实证研究，本书主要形成以下几点研究结论。

第一，新型农业经营主体理论包括新型农业经营主体的类型及特征，成长中面临的问题，对农业现代化产生的作用，功能定位，培育的条件、建议等十分丰富的内容。

专业大户、家庭农场、农民专业合作社、农业产业化龙头企业都属于新型农业经营主体。其呈现男性化、年轻化、知识化、组织化、社会化特征，实行的是规模化和集约化经营，经营水平比较高，从事的是专业化生产，并以市场化为导向，商品化率高，重视品牌建设，盈利能力较强，资金来源渠道多，追求利益最大化等。其成长中面临的问题主要有：国家扶持新型农业经营主体发展的相关款项没有很好地得到落实；针对新型农业经营主体的乱收费现象依然存在；国家相关耕种补贴款存在错配等。它主要在三个方面对农业现代化产生作用：一是能够实现农业市场化、品牌化、绿色化；二是使得农业"老龄化"进程得到了一定程度的延缓；三是使得土地生产率、资金生产率、劳动生产率和集约化水平都得到提高。专业大户的功能定位是：使我国农产品的供给得到稳定和增加；积极参与土地流转；为传统农户提供一定的技术指导和信息指导。家庭农场的功能定位是：提高我国农产品的质量系数及安全系数；完善农业基础设施；使当地尚未就业的劳动力得到一定程度的解决。农民专业合作社的功能定位是：解决小生产与大市场的矛盾；打造区域特色农业；使农村优秀文化得到传承和发扬；改造农村集体经济。农业产业化龙头企业的功能定位是：使农业产业链得到延长，使农业比较收益得到提高；推动我国的农产品参加国际竞争；对我国农业发展提供管理示范、金融支持。培育新型农业经营主体的条件主要包括以下三点：其一，培育新型农业经营主体的根本是经济利益；其二，建立"四位一体"的培育政策支持体系，"四位"是指保险、信贷、税收和金融；其三，塑造比较好的法律环境及制度环境等。在对其进行培育时，以下四个方面的建议可供参考：进一步使农村土地承包政策得到完善、完善支持政策、加快统筹城乡发展步伐、深化农村金融改革。

第二，农户采用农业技术的决策动机主要分为两种，农户一般采用两种策略来改变其采用技术的行为，其技术采用行为与需求既有区别也有联系。

农户采用农业技术的决策动机主要分为效用最大化和风险最小化。农户农业技术采用的一般特征包括农业技术采用的经济有利性、周期性、市场诱导性、风险性，农业技术采用也是一个学习的过程。现在，农户在采用农业技术时出现的特点包括农业技术采用的多样化、迫切性、自主性增强及农业技术简易化。农户农业技术采用行为改变的策略分为面向行为主体的策略和面向行为环境的策略。农户农业技术采用行为与需求的区别体现为两者的概念有所不同，联系体现为农户采用农业技术这一行为的发生前提是其农业技术需求，这一需求会引发农户采用农业技术的动机，农户的技术动机引发其技术采用行为。农户只有在有技术需求的前提下，才会积极地对农业技术进行采用，其有效推广应用才能最终得以实现。

第三，种稻大户呈现多样化的特征，其新品种技术需求、病虫草害防治技术需求、测土配方施肥技术需求、机械化技术需求的影响因素较多。

种稻大户呈现男性化、年轻化、专业化、知识化、规模化的特征。在户主人力资本特征中，种稻大户户主的性别显著正向影响他们对新品种技术、病虫草害防治技术、测土配方施肥技术、机械化技术的需求。种稻大户户主的年龄显著负向影响他们对病虫草害防治技术和机械化技术的需求。种稻大户户主是否兼业显著负向影响他们对机械化技术的需求。种稻大户户主的受教育水平显著正向影响他们对新品种技术、病虫草害防治技术、测土配方施肥技术和机械化技术的需求。在农户种粮意愿因素中，种稻大户的水稻种植规模显著正向影响他们对病虫草害防治技术的需求。种稻大户的种粮积极性显著正向影响他们对测土配方施肥技术、机械化技术的需求。在粮食补贴政策因素中，种稻大户对国家粮食补贴政策的满意程度显著正向影响他们对新品种技术、病虫草害防治技术、测土配方施肥技术的需求。

第四，粮食补贴政策影响种稻大户采用增产型技术，种稻大户资源禀赋影响其环境友好型技术采用行为。

粮食补贴政策显著影响种稻大户采用增产型技术。其中，国家粮食补贴金额对种稻大户采用增产型技术具有显著正向影响，即种稻大户获得的国家粮食补贴金额越多，其越有可能采用增产型技术。种稻大户对粮食补贴政策的满意度对其采用增产型技术具有显著正向影响，即种稻大户对粮食补贴政策越满意，其越愿意采用增产型技术。

种稻大户资源禀赋影响其环境友好型技术采用行为。在反映人力资本资源的变量中，户主年龄较小的种稻大户更倾向于接受环境友好型技术。在反映社会经济资源的变量中，参加农民专业合作社的种稻大户比不参加农民专业合作社的种稻大户更能促进环境友好型技术的采用和推广；种稻大户的家庭农业总收入越高，其越倾向于采用环境友好型技术；家庭年收入越高的种稻大户越愿意采用环境友好型技术；非农收入比重越高的种稻大户越不会积极采用环境友好型技术。在反映信息资源的变量中，技术信息获取渠道种类越多的种稻大户采用环境友好型技术的概率越大。

第五，传统散户和种稻大户保护性耕作技术采用行为分别受到众多因素的影响，影响这两种不同类型稻农此种技术采用行为的因素同中有异，并且他们此种技术采用行为的影响因素分别具有一定的层次结构与相互关系。

影响传统散户采用保护性耕作技术的因素分别是性别、受教育程度、家庭人口数、家庭人均年收入、现有住房价值、是否参加农业技术培训；影响种稻大户采用此种技术的因素分别是受教育程度、水稻种植面积、家庭人均年收入、是否提供机械补贴、是否参加农业技术培训、土地流转。其中，受教育程度、家庭人均年收入、是否参加农业技术培训是共同的影响因素，性别、家庭人口数、现有住房价值只影响前者此种技术采用行为，水稻种植面积、是否提供机械补贴、土地流转只影响后者此种技术采用行为。在影响前者采用此种技术的因素中，家庭人口数、现有住房价值、受教育程度是表层直接因素，家庭人均年收入是中层间接因素，性别、是否参加农业技术培训是深层根源因素。作为深层根源因素，性别、是否参加农业技术培训直接影响家庭人均年收入这一中层间接因素，中层间接因素直接影响家庭人口数、现有住房价值、受教育程度这些表层直接因素，最终形成传统散户对该种技术进行采用的结果。在种稻大户该种技术采用行为的影响因素中，家庭人均年收入是表层直接因素，水稻种植面积是中层间接因素，受教育程度、是否提供机械补贴、是否参加农业技术培训、土地流转是深层根源因素。受教育程度、是否提供机械补贴、是否参加农业技术培训、土地流转这些深层根源因素对水稻种植面积这一中层间接因素产生直接影响，中层间接因素对家庭人均年收入这一表层直接因素产生直接影响，表层直接因素对种稻大户此种技术采用行为产生直接影响。

本书创新之处主要体现在以下三个方面。

国内外学者对一般农户、传统散户农业技术需求影响因素展开的研究较多，但对中国实施新的土地流转制度后形成的种稻大户这一新型农业经营主体农业技术需求影响因素的研究非常少，这将不利于农业技术的推广应用。鉴于此，本书以中国种粮大省种稻大户的调查数据为基础，并按照水稻从播种到收割的生产全过程，将农业技术分为播种中所需的新品种技术、成长中所需的病虫草害防治技术和测土配方施肥技术以及收割中所需的机械化技术，实证研究种稻大户以上四种农业技术需求行为的影响因素，在研究视角上具有一定的创新性。

本书根据农业技术的功能和作用，将其分为增产型技术和环境友好型技术两大类，以种稻大户的调查数据为基础，实证分析粮食补贴政策对其增产型技术采用行为的影响，还分析种稻大户资源禀赋对其环境友好型技术采用行为的影响，即对种稻大户多种农业技术采用行为的影响因素进行研究，在研究内容和研究视角上具有一定的创新性。

本书依据稻农水稻种植面积，将其分为传统散户和种稻大户两类，以这两种不同类型稻农作为研究对象，对比深入研究他们采用保护性耕作技术的影响因素及其异同，并在此基础上，运用解释结构模型分析方法判断传统散户此种技术采用行为各影响因素之间的层次结构与相互关系，以及种稻大户此种技术采用行为各影响因素之间的层次性与关联性，在研究内容、研究方法上具有一定的创新性。

目 录
CONTENTS

▶ 图目录

表目录 ◀

第一章 ◀

绪论

一 研究背景

粮食安全始终是一个具有全局性的重大战略问题，它既与我国的国民经济发展密切相关，又与我国的社会稳定和谐紧密相连。我国的粮食消费需求在人民生活水平逐步改善及人口数量逐渐增加的情况下出现了一种刚性增长的状态，但是粮食生产受到一系列问题的严重束缚，这些问题包括气候的变化、耕地的减少等，我国粮食的供给和需求将在很长的一段时间内呈现"紧平衡"的状况，保障粮食安全成为我国一个十分艰巨的任务（周波，2011）。保障粮食安全，提升粮食生产能力，必须依靠农业科技创新。2015 年中央"一号文件"中提到要特别重视和关注农田水利"最后一公里"、农业基础设施投入等，这有利于使我国粮食综合生产能力得到一定程度的提高。为了提高粮食综合生产能力，尤为重要的是坚信"科学技术是第一生产力"，在关键领域，推动农业科技创新，实现重大的突破。然而，农业科技创新在促进我国粮食综合生产能力提高时遇到的主要问题是农业科技成果转化比较难且其转化率不是很高。据统计，在 21 世纪初，发达国家农业科技成果的转化率在 70% ~80% 的水平，我国的农业科技成果转化率虽然在同时期增加了10%，但是大概只有41%，比发达国家的农业科技成果转化率低很多（王佳宁等，2015）。在农业生产中，农户处于主体地位，而且是需求和采用农业技术的主要对象。农户接受十分先进的农业科技成果，并对其进行消化，最后在农业生产活动中应用农业科技成果，它们的作用才会得以发挥。鉴于此，我们在深入探究农业技术的运用以及推广的时候，一开始把农户如种稻大户这一种新型农业经营主体作为要进行深入研究的对象，然后对他们采用农业技术的行为进行重点分析，这有利于农业技术的广泛运用和广泛推广，保证粮食产量不断增加，提高生态环境质量，保障我国粮食安全。

通过梳理现有相关研究成果，笔者发现，国内外学者从"采用"观点出发，对农户特别是种稻大户这一新型农业经营主体农业技术采用行为研究还远远不够，这不利于诱导种稻大户采用农业技术、促进农业科技创新成果向现实生产力转化、实现农业现代化以及保障国家粮食安全。鉴于此，笔者在大量整理国内外农户农业技术采用行为相关研究成果的基础上，首先对种稻大户农业技术采用行为研究的相关概念进行界定，对其采用技术行为的理论基础进行系统梳理，对农户农业技术采用行为的决策动机、特征、改变策略及农户农业技术采用行为与需求的关系进行详细介绍。其次，基于江苏省南部395户种稻大户的调查数据，实证研究种稻大户多种农业技术，即新品种技术、病虫草害防治技术、测土配方施肥技术及机械化技术需求的影响因素。接着，本书实证研究粮食补贴政策对种稻大户增产型技术采用行为的影响及种稻大户资源禀赋对其采用环境友好型技术的影响。再次，基于湖北省传统散户和江苏省种稻大户的微观调研数据，本书对前者和后者采用保护性耕作技术行为的影响因素及其异同进行实证研究，并在此基础上分别对他们该种技术采用行为各影响因素之间的层次性与关联性进行分析。最后，基于本书的研究结论，提出相关对策建议，以便提高农业技术采用率，促进农业技术的广泛应用和推广，转变传统农业生产方式，提升粮食生产能力，实现农业可持续发展，保障我国粮食安全。

二 研究目的和意义

（一）研究目的

本书研究种稻大户这一新型农业经营主体农业技术采用行为主要是为了实现以下五个方面的目的：第一，准确把握种稻大户这一新型农业经营主体农业技术采用行为研究的相关概念及理论基础；第二，深入了解农户采用农业技术行为的决策动机、特征、改变策略及农户农业技术采用行为与需求的关系；第三，厘清种稻大户多种农业技术，即新品种技术、病虫草害防治技术、测土配方施肥技术、机械化技术需求行为的影响因素；第四，厘清粮食补贴政策对种稻大户增产型技术采用行为的影响机理以及种稻大户资源禀赋对其环境友好型技术采用行为的影响方向和程度；第五，不仅弄清传统散户和种稻大户保护性耕作技术采用行为的影响因素及其异同，而且弄清这两种不同类型稻农该种技术采用行为影响因素存在差异的深层原因，还要弄清他们该种技术采用行为各影响因素之间的层次结构与相互关系。

（二）研究意义

与传统小农户相比，种稻大户这一新型农业经营主体更容易接受和采用农业新技术，对现代生产要素的需求更为强烈。所以，我们在对农业先进技术的广泛运用和广泛推广进行深入探究时，重点研究种稻大户这一新型农业经营主体的农业技术采用行为，无论在理论上还是在实践上都具有重要的意义。具体来讲有以下几方面。

通过系统梳理种稻大户这一新型农业经营主体采用农业技术研究的五个关键概念，即新型农业经营主体、种稻大户、传统散户、农业技术、技术采用行为，以及四个理论：新型农业经营主体理论、农户行为理论、农业技术扩散理论、农业技术推广理论，还有农户农业技术采用行为的决策动机、特征、改变策略和其技术采用行为与需求的关系，将有助于丰富农户农业技术采用行为理论。

通过辨别影响种稻大户农业技术，即新品种技术、病虫草害防治技术、测土配方施肥技术及机械化技术需求的因素，使得有关部门在设计相关制度或者对其进行改革时具有一定的根据，从而提高以上四种农业技术的采用率，贯彻和落实藏粮于技的方针政策，缓解粮食安全压力。

研究粮食补贴政策对种稻大户采用增产型技术的影响，将有助于提高其采用率，提高粮食生产能力，促进粮食持续增产。研究种稻大户资源禀赋对其采用环境友好型技术的影响，有助于我国创新环境友好型农业技术推广工作，改善日益恶化的生态环境，使农业保持一种可持续的良性发展状态。

本书不仅将传统散户作为研究对象，而且将种稻大户也作为研究对象，对他们保护性耕作技术采用的影响因素以及影响因素的差异、共性进行比较分析，并研究这两种不同类型稻农保护性耕作技术采用行为各影响因素之间的层次性和关联性，对创新保护性耕作技术推广工作、促进其采用和推广应用、防止水土出现流失现象、减少河流浑浊程度、实现耕地得到有效的保护、改善日益恶化的生态环境，提高我国农民的家庭收入、确保农业处于可持续发展的良性状态，以及保障国家粮食安全有着极其重要的意义。

三 国内外农户农业技术采用行为研究文献综述

本书在进行国内外文献综述的过程中，分别从国外农户采用农业先进技术行为和国内农户采用农业先进技术行为研究的内容、方法和视角这三个方面进行文献回顾、梳理和评述的。其中，国外农户农业技术采用行为研究的内容主要包括注重对农户农业技术采用行为影响因素、效果的研究及注重对环境友好型农业技术采用的研究；研究视角主要包括倾向于采用动态研究视角和采用不确定性研究视角。国内农户农业技术采用行为的研究内容分为农业技术采用行为影响因素及效果研究；研究视角主要包括静态研究视角、单一农业技术研究视角、农户个体行为研究视角。

（一）国外农户农业技术采用行为研究文献综述

1. 农户农业技术采用行为的研究内容

（1）注重农户农业技术采用行为影响因素的研究

国外学者对农户农业技术采用行为的影响因素进行了深入的研究，取得的研究成果十分丰硕。通过归纳和总结，他们发现影响农户农业技术采用行为的因素众多，这些因素主要包括户主性别、年龄、受教育程度、耕地面积、家庭劳动力、收入状况、耕作经验、土地所有制、个人意图、干旱程度、水供给的可获得性、租地制、政府财政支持、农户和农业技术推广部门联系的次数、田间是否采用电脑管理、棉花新增产量、农户感知精准农业重要性的属性、生态直接付款计划、政府与农户之间的互动等。Dercon 和 Christiaensen（2011）的研究结论是，农户的农业技术采用行为会受到以下多种因素的影响，它们分别是户主性别、年龄、受教育程度、耕地面积、家庭劳动力、收入状况、耕作经验等。关于农户农业技术的采用率及采用速度是否受到农业技术的复杂度以及风险度的负面影响，Mauceri 等（2004）、Maertens 和 Barrett（2013）的研究观点是不一样的。在实行市场经济的前提下，农户农业技术采用行为的影响因素包括经济效益、土地所有制等农业制度、资金流动状况，其中，经济效益是农户采用农业技术的最主要的影响因素（He and Deng，2007；Schuler and Sattler，2010；Tey and Brindal，2012）。资源禀赋差异会对农户采用农业新技术产生一定的影响（Mariano et al.，2012；Noltze et al.，2012）。Herath（2013）进行研究后得出，农户是否采用农业先进技术受个人意图的影响。Sheikh 等（2003）研究了巴基斯坦地区农户免耕技术采用行为的主要影响因素，其得到的研究结论是，农户和农业技术推广部门联系的次数是影响该种技术采用的主要因素。此外，Abdulai 和 Huffman（2005）在研究农户采用杂交奶牛技术的主要影响因素时也发现，农户与农业技术推广部门联系的次数是影响农户采用杂交奶牛技术的主要因素。Paxton 等（2011）通过研究棉花种植农户采用农业技术的行为，得到的研究结论是，田间是否采用电脑管理、棉花新增产量等因素影响农户的农业技术采用行为。D'Antoni 等（2012）提出的观点是，影响农户采用 Autosteer GPS 导航技术的十分重要的因素分三种属性：第一种是采棉机的属性，第二种是农户投入成本的属性，第三种是农户感知精准农业重要性的属性。许多采用者的投入成本、收入成本分别小于未采用者的投入成本、收入成本，但是由于存在机会成本（种植小麦可以获取政府补贴），最终采用者的平均边际利润略高于未采用者的边际利润，所以，为了获得政府补贴，农户泛种小麦于生产条件较差的农场（Fibl，2010）。Finger 和 Benni（2013）基于瑞士 1312 个农场 1992~2000 年小麦生产的记录数据，动态研究农户小麦技术采用行为的影响因素，其发现在实施生态直接付款计划后，一些特殊的农场即种植规模比较小、生产条件比较差、生产效率比较低以及投入产出比较低的农场率先种植小麦。在推广马铃薯种植技术时，加强政府与农户之间的互动，推广该技术的效率可以得到有效的提高（Ortiz et al.，2013）。

（2）重视农业技术采用行为效果的研究

国外学者对农户农业技术采用行为的经济效果、生态环境效果、健康效果等进行了深入的研究。其中，经济效果主要体现为农户采用农业技术后作物产量是否增加、农药施用量是否减少、农药施用费用是否降低、生产成本是否减少、农业生产力是否得到提高、经济收益是否得到提高等，生态环境效果主要体现为农户采用农业技术后对土壤的扰动是否减少、生态环境是否得以改善等，健康效果主要体现为农户采用农业技术后农药残留量是否降低、人类健康是否得以改善等。有学者提出粮食单产不受农户采用保护性耕作技术的明显影响，甚至二者呈一种负相关关系（Giller et al.，2009）。当农户采用病虫害综合防治技术时，其农作物产量会得到一定程度的提高（Daku，2002）。通过对1991年到1999年间印度尼西亚政府病虫害综合防治技术推广计划的实施情况进行总结，Resosudarmo（2001）得出这种农业技术的采用使粮食产量得到了显著的增加。1987~1990年，在农户种植水稻的过程中，将农药管制政策与病虫害综合防治技术推广相结合，水稻产量提高的百分比大约是12%，农药施用量减少的百分比是65%（Yudelman et al.，1998）。洋葱种植农户采用病虫害综合防治技术的结果是，其农药施用费用得到一定幅度的降低，经济收益得到一定程度的提高，即农药施用费用降低了25%~65%，经济收益从最初的每户5.78美元提高到最后的每户7.63美元（Cuyno et al.，2001）。厄瓜多尔的农户在种植马铃薯时对病虫害综合防治技术进行了采用，结果其生产成本减少（Mauceri et al.，2007）。Colette et al.（2001）对美国得克萨斯州农户病虫害综合防治技术采用行为的效果进行了研究，研究结果显示，病虫害综合防治技术的采用节约了该州农户的生产成本，改善了生态环境。Maumbe 和 Swinton（2000）对农户采用病虫害综合防治技术的行为与农药施用量、农业生产力、人类健康及环境的关系进行了分析，分析结果表明，农户采用病虫害综合防治技术后，农药施用量减少、农业生产力得到提高、人类健康及环境得以改善。Alvarez 等（1995）对农户采用保护性耕作技术带来的效果进行了研究，研究发现，保护性耕作技术的采用不仅能够使对土壤的扰动减少，而且能够使表层土壤有机碳的流失减少，最终使表层土壤有机碳的含量提高。Blanco-Canqui 和 Lal（2008）研究了美国东部农户采用免耕这一保护性耕作技术的行为，其提出的研究观点是，在长期地采用免耕技术的条件下，0 到 10cm 土层内有机碳的含量会得到一定的增加，但是，土壤有机碳的含量在 10cm 以下的土层减少了。Mukherjee 和 Arora（2011）在其研究中提出这一观点，采用病虫害综合防治技术会导致农户水稻、土壤、水源的农药残留量有所不同，也就是，采用了病虫害综合防治技术的农户的水稻、土壤、水源的农药残留量比没有采用该技术的农户的水稻、土壤、水源的农药残留量低。

（3）重视农业环境保护技术采用的研究

国外学者十分重视农户农业环境保护技术采用的研究，他们研究的农业环境友好型技术主要有四种，第一种是测土配方施肥技术，第二种是有机肥技术，第三种是保护性耕作技术，第四种是病虫害综合防治技术。因为其环境友好型技术采用行为包括"部分采用"行为，所以，农户采用环境友好型等农业先进技术可以被当作一个逐步采用的过程（Byerlee and De Polanco，1986；Smale et al.，1995；Khanna，2001；Dimara and Skuras，2003），但是，有学者提出了与上述学者不一致的观点，农户的环境友好型技术采用行为包括"采用"和"不采用"两种情况，所以，农户对环境友好型技术的采用不是一个逐步采用的过程，而是一个二分过程（Mbaga-Semgalawe and Folmer，2000；Shively，2001；

Mather et al., 2003)。推广并应用环境友好型技术的确能够"减排控污",农业生态环境能够得到有效的改善（Jaffe and Palmer, 1997)。Kremer等（2001）研究了美国艾奥瓦州农民采用新型土壤氮技术这一环境友好型技术的主要影响因素，在这一研究中，其提出了自己独到的见解，即农户采用新型土壤氮技术的行为受到该技术复杂性的极大影响，此外，还有学者认为新型土壤氮技术的复杂性会对农户是否采用该项技术产生十分重要的影响（Pamuk et al., 2014；Aubert et al., 2013)。环境友好型技术的采用者主要是农户或者农场主，农户的特征和职业、农场特征以及农业环境计划特征等影响上述采用者做出是否采用该技术的决策，其中，农户户主的年龄、受教育程度、农户的非农收入、经济状况属于农户的特征，土地所有权、农场的规模属于农场特征，交易成本、项目要求、区域环境付款水平属于农业环境计划特征（Knowler and Bradshaw, 2007；Serra et al., 2008；Ahnstrom et al., 2009；Sattler and Nagel, 2010；Espinosa-Goded et al., 2010)。鼓励公共和私人之间的互补性农业研究、在信息及预测领域进行更多投资、帮助减轻风险等10项政策有助于发展中国家的贫困农户采用环境友好型农业技术，促进其推广和扩散（Lybbert and Sumner, 2012)。Thangata和Alavalapati（2003）对农户户主的年龄与其测土配方施肥技术采用行为的关系进行了研究，研究结果表明，农户户主的年龄越小，其采用测土配方施肥技术的积极性越高。文化、社会和经济因素如养殖户与种植户的合作、养殖规模等促进了非洲西部半干旱地区农户采用有机肥（Williams, 1999)。Dadi等（2004）在其研究中首先将变量分为两种，第一种是会随时间发生改变的变量，第二种是不随时间发生改变的变量，然后研究埃塞俄比亚东部地区的农民以及西部地区的农民采用有机肥的速度受到这两种变量的影响程度。生态环境等受到了传统耕作的负面影响，农业生产可持续发展受到了威胁，保护性耕作技术的采用能够促进农业生产的可持续发展（FAO，2001）。20 世纪 70 年代，人们开始采用保护性耕作技术。从 1974 年到 2005 年，全世界保护性耕作技术的采用面积有了一定程度的增加，采用面积占全部耕地面积的比例有所提高，即从不足 300×10^4 公顷增加到 9900×10^4 公顷，从约占全部耕地面积的 0.2% 提高到 6% 以上（FAO，2007）。有的学者分析了土地产权与农户响应保护性耕作技术之间的关系，其得出的分析结论是，明确土地产权有利于提高农户采用保护性耕作技术的积极性（Saint-Macary et al.，2010）。但是，有的学者认为土地产权和农户保护性耕作技术采用行为这两者之间并不存在很大的关系（Bultena and Hoiberg，1983）。上述两种观点之所以相矛盾，主要是因为成本回收期、成本－收益会影响土地使用权与农户采用该种技术这二者间的关系，此外，农户该种技术的采用意愿受到土地租赁类型不同的影响（Soule et al.，2000）。FAO（2001）认为，劳动力机会越多，农户采用保护性耕作技术的可能性越小。农户采用上述农业技术的意愿会受到一系列因素的影响，这些因素主要有受教育水平、农民的经验、地形条件、灌溉条件、作物秸秆的利用等（Haggblade and Tembo，2003）。Knowler 和 Bradshaw（2007）对 30 多篇与保护性耕作技术采用相关的文献进行回顾后得出，在不同的国家或者是不同的地区，同样的因素对其保护性耕作技术的采用发挥不一样的作用。Beckmann 等在其研究中构建了成本－收益模型，发现劳动组织影响农户采用病虫害综合防治技术。作物混种、苹果园的地理空间分隔、气候以及地形不仅会对施用农药的类型和施用农药的强度产生决定性的作用，而且以上四种因素也会对病虫害的类型和病虫害的强度产生同样的作用，澳大利亚苹果种植者是否采用病虫害综合防治技术在病虫害的类型及强度给定的条件下主要依赖于可以得到的控制选择（Geoff et al.，2008）。与租种土地的农民相比，土地自有的农民采用病虫害综合防治技术的可能性更大，非农收入会阻碍农民采用该种技术，农民采用病虫害综合防治技术的程度受到农户农药有效性感知的影响（Hashemi and Damalas，2010）。孟加拉国水稻种植户在水稻种植时采用病虫害综合防治技术，有利于农药成本的减少，能够带来更大的生态和健康效益（Dasgupta et al.，2007）。

2. 农户农业技术采用行为的研究方法

国外农户农业技术采用行为研究的新方法不断涌现并逐渐得到了应用，如元胞自动机模型、主体空间模型、随机动态模型、技术接受模型、二阶段随机程序模型、期限分析、参与性农户评估法、面板数据模型、结构方程模型等。Balmann（1997）在研究中对农户经济决策主体在农业生态系统中的最佳行为进行了模拟，在此模拟中运用了元胞自动机模型。为了获得一个可以更好地理解资源利用变化及技术创新扩散过程的途径，有的学者仿真模拟了智利不同农区农户的社会空间相互作用，在进行仿真模拟时采用的是主体空间模型（Berger，2000）。Carey 和 Zilberman（2002）运用随机动态模型对农户节水灌溉技术采用行为进行了研究。技术接受模型这一研究方法能够对信息技术接受行为进行有效解释，它对有用和易用感知、外部变量、信息技术等要素之间内在的逻辑关联进行了比较有效和简洁的描述（Venkatesh and Davis，2000；Lee et al.，2003）。Cai 和 Rosegrant（2004）在研究未来的水文情况这一不确定变量影响农户采用灌溉技术时运用的是二阶段随机程序模型。有的学者在时序研究澳大利亚南部地区农户免耕技术采用行为时利用的是期限分析方法（D'Emden et al.，2006）。Brocke 等（2010）运用参与性农户评估法对西非布基纳法索西部地区几内亚种族两个村庄的农户高产高粱技术采用不能成功的原因进行研究，其得出的研究结论是，尚未对高产高粱在当地生长所需要的条件进行考虑，也尚未对当地农户的偏好及需求进行充分的思考是该国际育种项目在当地失败的主要原因。Lapple（2010）运用面板数据模型，分析爱尔兰地区农户有机农业技术采用行为，他认为该地区比较多的农户不愿意对有机农业技术进行采用，导致这一状况的原因是他们要规避风险。Mohapatra（2011）以印度奥里萨邦为研究区域，以当地的 200 户农户为研究对象，运用结构方程模型实证研究这 200 户农户户主的受教育水平与其甘蔗种植技术采用行为之间的关系，研究结果表明，户主受教育水平越高，越愿意采用甘蔗种植技术。

3. 农户农业技术采用行为的研究视角

（1）注重动态研究视角的采用

动态研究是指农户农业技术采用行为包括几个阶段，应该对每一个阶段进行研究，而不只是研究其中的某一个阶段；也指运用长时间序列的面板数据，而不是运用某一年的截面数据研究农户农业技术采用行为。国外学者在进行农户农业技术采用行为的研究时，并不是倾向于从静态视角开展研究，而是倾向于从动态视角进行研究，采用动态研究视角的学者很多，下文列举了代表性的专家和典型的学者。农户技术采用行为一般有以下几个阶段，第一个阶段是认知阶段，第二个阶段是兴趣阶段，第三个阶段是评估阶段，第四个阶段是试验阶段，第五个阶段是应用阶段，从这五个阶段可以判断农户采用农业技术的行为其实是一个动态的心理过程，因此，在研究农户农业技术采用行为时，应该对上述五个阶段进行分析，即进行动态的研究，而不只是静态研究这五个阶段中的某一个阶段（Rogers，1962；Bell，1972）。以西班牙干旱地区为研究区域，并基于该地区长时间序列的面板数据（30 多年的调研数据），Alcon 等（2011）对赛古拉盆地农户采用灌溉农业技术的行为过程进行了动态分析。Finger 和 Benni（2013）动态研究了影响瑞士 1312 个农场农户小麦技术采用行为的因素，在该研究中利用的是 1992 年到 2000 年共 8 年的农场小麦生产记录数据。

（2）倾向于采用不确定性研究视角

国外学者在确定性条件下研究了农户农业技术采用行为。例如Parton 在确定性条件下对农业技术采用时"安全第一"模型进行分析。Feder 和 Slade（1984）在确定性条件下对农业技术采用中农户学习过程及自身试验的作用进行了研究。但是，由于农户在采用农业技术时往往面临产量的不确定性等主观上的风险和病虫害、天气变化等客观上的风险，所以，大部分学者还是倾向于采用不确定性研究视角。农户在从事生产时所具有的技能高低与其采用农业技术的程度具有正相关关系，造成这一状况的原因是不同的农户具有不同的处理信息不确定性的能力（Welch，1970）。农户在两种技术，即传统技术、新技术之间的土地分配比例受到风险、不确定性程度的影响，而且收入和相对风险回避程度这两者之间的关系对农户新技术采用的比例具有决定作用（Feder，1980）。有学者研究产出价格与工资率不确定性对农户采用技术的影响时得出，当劳动力供给不确定性增加，且产出需求富有弹性时，他们更加愿意采用比较"粗略"的技术（Zilberman and Just，1982）。Carey 和 Zilberman（2002）分析经济激励因素的不确定性、未来干旱程度的随机性对农户节水灌溉技术采用行为的影响时得出，农户采用该种技术的条件是预期收益比交易成本高。农户节水灌溉技术采用行为受到科罗拉多州地区的干旱程度的正向影响（Schuck et al.，2005）。采用农业新型技术能够给农户带来比较高的收益，但是其具有不确定性及风险，可能导致大多数农户不会采用农业新型技术（Jack，2009）。

（二）国内农户农业技术采用行为研究文献综述

1. 农户农业技术采用行为的研究内容

（1）农户农业技术采用行为影响因素研究

我国的专家和学者也深入探究了农户先进农业技术采用行为的影响因素，他们在进行研究时取得的成果也十分丰富，为今后的相关研究奠定了良好的基础。概括起来，农户农业技术采用行为的影响因素主要包括性别、年龄、学历、种植规模、政府统一推广、收入状况、科技培训、农业补贴、社会网络指数及其维度、农户认知、合作情况、要素稀缺产生的诱导力、风险偏好类型、金融制度的变迁、市场需求的变化、技术质量、技术成本、技术认知效果等。郭航和李文忠（2014）以天津市为例，分析了影响该市 485 户农户农业新技术采用意愿的因素，研究结果显示，农户农业新技术采用意愿受到性别、新产品销售状况、新品种产量、家庭收入主要来源、上一年农业纯收入、政府统一推广、科技培训次数的显著影响，在上述影响因素中，主要的影响因素是新产品销售状况及科技培训次数。汪建和庄天慧（2015）对四川省连片特困地区 16 个村 301 户农户进行了调查，并运用所获得的第一手调查数据实证分析社会资本如何影响处于贫穷地区的农户的农业技术采用意愿，分析结果表明，其新技术的采用意愿受到农户共享和互助行为、农户对村委会和邻里的信任、农户的社会网络规模等因素的显著影响。李艳芬和白林（2015）实证研究了制度、市场、资源、禀赋对安徽省淮北市三个葡萄产区的 266 户葡萄种植户采用农业技术的影响，通过实证研究其提出，资源禀赋土地流转、非农流转等的变化会诱导种植葡萄的农户采用技术替代稀缺资源的农业技术，金融制度的变迁、农业补贴、农地流转、市场需求的变化这些因素会对葡萄种植户的技术采用行为产生直接诱导作用。罗小锋和秦军（2010）对我国 2110 户农户进行了实地调查，基于调查数据，对比研究了农户对无公害生产技术和新品种技术的采用及其主要影响因素。张莉等（2014）对甘肃省通渭县碧玉乡农户进行了调查，不仅对该区域农户全膜双垄沟播技术采用现状进行了研究，而且实证分析了影响该区域农户采用全膜双垄沟播技术的主要因素，其得出的研究结论是，农户户主的学历、种植规模、技术成本、收入状况、国际政策、市场等因素都会影响他们做出采用该种农业新技术的决策。刘丹和周波（2014）以江西省16个县（市、区）为研究区域，以1169户种稻大户为研究对象，对影响其采用农药新品种技术的因素进行了研究，研究结果表明，种稻大户农药新品种技术采用行为受到耕地规模、补贴政策满意度、对农业技术扩散关注程度、参加防治病虫害技术指导频率、种田人数的显著影响，其中，影响种稻大户农药新品种采用行为的重要因素是种田人数，次要因素是补贴政策满意度、耕地规模、对农业技术扩散关注程度、参加病虫害技术指导频率。王丹等（2015）运用来自新疆昌吉州276位棉农的微观调查数据，对该州棉农测土配方施肥技术采用行为的影响因素进行了研究，其得出，棉农的年龄对其采用测土配方施肥技术具有显著的负向影响，棉农的受教育水平、种植面积、家庭年收入、愿意采用绿色环保的耕作方式、参加过测土配方技术培训并信任其内容显著正向影响其测土配方施肥技术采用行为。王晓蜀等（2015）通过对吉林省农户进行实际调查，实证研究农户赤眼蜂防治玉米螟技术采用行为的影响因素，研究发现，农户采用赤眼蜂防治玉米螟技术的行为受到农业技术供给这一变量的决定性影响，此外，玉米种植规模越大，农户采用赤眼蜂防治玉米螟技术的可能性也越大。王格玲和陆迁（2015）研究了甘肃省民勤县农户采用节水灌溉技术的行为与社会网络这两者之间的关系，研究结果表明，社会网络越丰富，该地区农户采用节水灌溉技术的积极性越高，即该地区农户的节水灌溉技术采用行为受到社会网络指数及其维度的显著正向影响。杨露（2015）利用问卷调查法和访谈法收集数据，并基于收集到的数据对影响湖北省长阳县农户采用高山蔬菜微滴微灌技术的意愿及其影响因素进行分析，其得到的结论是，农户采用微滴微灌技术的意愿受政府贡献、企业实力、农户认知、技术质量、结算情况、合作情况的显著正向影响。王爱民（2015）运用江苏省13个市354户水稻种植户的调查数据，实证研究影响农户采用劳动节约型技术的因素，研究显示，农户采用该技术的行为源自要素稀缺产生的诱导力。刘斐等（2015）提出半干旱区谷农的化控间苗技术采用行为受到其学历、技术认知效果、谷子种植面积比例的显著影响。

（2）农户采用农业技术的效果研究

有的学者认为农户采用农业技术会带来正效应，有的学者认为农户采用农业技术会带来负效应或不产生显著影响。刘道贵（2005）通过研究得出，采用病虫害综合防治技术给农户带来的正效应是其投入降低了 12.1%，产值增加了 10.7%。周波和于冷（2011）通过对江西省 11 个村进行连续 5 年的固定跟踪观察获得了面板数据，并以面板数据为基础，以固定效应模型为研究方法，实证研究农户采用农业技术对其家庭收入的两种影响效应，即静态影响效应和动态影响效应，研究显示，农户采用农业技术后其家庭总收入平均提高了 6.3%，也就是，农户采用农业技术能够带来显著的正效应。钱鼎炜（2012）对茶叶新品种技术扩散的收入分配效应进行研究后得出，茶叶新品种技术扩散导致了收入在两类农户间的不均等分配，茶叶新品种技术扩散导致茶叶收入、其他农业收入主要流向采用技术的农户，非农业收入主要流向尚未采用技术的农户，采用技术的农户的家庭总收入比尚未采用技术的农户的家庭总收入显著要高。罗小娟等（2013）利用投入需求方程和产出供给方程，对太湖流域上游地区 221 户水稻种植户采用测土配方施肥技术后带来的环境效果、经济效果进行了评价，她提出，水稻种植户采用这种技术带来的环境效果是化肥施用量减少，经济效果是水稻单产增加。在其他条件得到控制的前提下，该种技术的采用率每提高 1 个百分点，可减少化肥施用量 0.09个百分点，增加水稻单产 0.04 个百分点。假如在太湖流域上游地区全面推广应用该种农业技术，那么，化肥施用量可以得到进一步降低，水稻产量将进一步增加。刘进宝和刘洪（2004）通过研究得出，当单个农户采用农业技术时，能够提高农产品产量，农户能够获得超额收入，但是当很多农户对农业技术进行采用时，超额收入会消失。何延治（2009）对吉林省农民人均收入与人均农业机械动力之间的关系进行了研究，研究结果表明，后者会对前者产生负向影响。王金霞和张丽娟（2010）对中国黄河流域农户保护性耕作技术采用行为的经济效果进行了研究，研究结果显示，农户采用保护性耕作技术既不会使玉米和小麦单产提高，也不会使其降低，即农户保护性耕作技术采用行为并不对上述两种粮食作物的单产产生显著影响。

2. 农户农业技术采用行为的研究方法

国内学者在研究农户农业技术采用行为时运用较多的研究方法是 Logistic 模型，其次是博弈模型，较少采用比较科学、合理的方法，如解释结构模型、技术接受模型、结构方程模型、多元回归模型、参与性农户评估法等。彭新宇（2007）在研究养殖户沼气技术采用行为时，将沼气技术采用行为的发展划分为三个阶段，第一个阶段是对畜禽养殖污染的意识，第二个阶段是沼气技术的采用决策，第三个阶段是沼气防污的实践。在对养殖户畜禽养殖污染意识和沼气技术采用决策的影响因素进行研究时运用的是 Logistic 模型。在此研究中，作者不仅对农户"是否采用"农业新技术进行了探讨，还对"采用程度"问题进行了深入研究。李欢欢等（2014）的研究结果表明，江门地区农户采用该技术的行为受到参加农业技术培训班的次数、农业技术培训班对农户的帮助情况、采用"三控"技术比传统种植的增产量、技术接受难易程度这四个因素的显著正向影响，即农户参加农业技术培训班的次数越多，农业技术培训班对农户的帮助越大，采用"三控"技术比传统种植的增产量越多，技术越容易被接受，他们越愿意采用水稻"三控"施肥技术，其在研究中利用的是二元 Logistic 回归模型。高贵现（2015）

运用标准的 Logistic 二元回归方法定量研究了埃塞俄比亚农户条播技术采用行为的主要影响因素，他认为当地落后的农业生产技术水平导致农户采用条播技术获得比较低的收益，并使农户的投入成本增加，因此，制约了农户采用条播技术。杨唯一和鞠晓峰（2014）运用其建立的传播模型和博弈模型进行研究，研究结果表明，农户技术创新采用决策行为受交流范围和交流成本的重要影响。李楠楠等（2014）对定西市 575 户农户进行了问卷调查，并运用调查数据研究农户采用马铃薯技术的影响因素，然后在此基础上运用解释结构模型对各影响因素之间的层次关系进行分析。研究结果显示，农户采用马铃薯种植技术的行为受到农户的家庭结构、组织程度、对新技术的认知、对科技园区的认知、专业化程度、公路级别、气候生产力、区位的影响。在这些影响因素中，表层因素包括气候生产力、专业化程度、区位、公路级别，中层间接因素包括农户对新技术的认知、对科技园区的认知，深层根源因素包括农户的家庭结构、组织程度。庄丽娟等（2010）运用多元回归模型进行研究时得出的结论是，农户自身特征和外部因素会对其技术选择产生影响，但农户的技术选择更多受到农户相互间的交流程度、农户组织化程度、技术培训、成本与风险等外部因素的影响。李奇峰等（2008）调查了东北粮食主产区的农户，并基于调查数据实证研究了农户采用农业技术的途径，农户的农业技术需求及影响其技术需求的因素，在此实证研究中，运用的是参与性农户评估法。

3. 农户农业技术采用行为的研究视角

（1）静态研究视角

国内大部分学者（陆文聪、余安，2011；邓正华等，2012；高雪萍，2013；张莉等，2014）在进行探究的过程中，所利用的是农户农业技术采用行为静态研究视角。也就是，只对农户农业技术采用行为的某一个阶段进行研究，而不是对所有阶段进行研究，或者基于某一年的截面数据对农户农业技术采用行为进行研究，而不对农户进行长期的跟踪，获取长时间序列的面板数据，并基于面板数据研究农户农业技术采用行为。

（2）单一农业技术研究视角

在研究农户农业技术采用行为时，国内大部分学者对农户单一农业技术采用行为进行了研究，仅有少数学者对农户不同农业技术采用行为进行研究。如杨小山和林奇英（2011）分析了福建省农户在经济激励下采用绿色农药的意愿及影响其采用意愿的主要因素。孟磊（2012）通过对黑龙江五常市农民进行调查，并运用调查数据研究了影响农民节水灌溉技术采用行为的主要因素。苏毅清和王志刚（2014）对山东省平原县 142 户农户进行了问卷调查，并以调查数据为研究基础，运用有序 Probit 模型研究了农户个体特征、政府技术推广行为、肥料市场环境因素这三大因素对农户测土配方施肥技术采用行为的影响。徐湧泉和刘国勇（2015）运用 Logistic 模型实证研究了五台县石村种粮农户新品种技术采用行为的关键影响因素。满明俊等（2010a）深入分析了农户采用小麦机械种收和良种技术、苹果套袋和新种苗技术等不同农业技术行为存在的不同之处。

（3）农户个体行为研究视角

在分析采用农业技术的过程中，很多学者的分析对象是农户个体，而仅有少数学者研究了农户在群体或组织中的农业技术采用行为。张晓山（2004）、李建军和刘平（2010）提出的研究观点是，新型农村合作组织是一种新事物，在农村社会面临转型时，其会发挥日渐明显的组织功能。农户在社会网络中的复合研究应被专家和学者所关注，这是因为新型农村合作组织这一农户集合体的行为能力与单个农户存在实质性的不同，在农业技术被广泛采用和推广时，它带来的作用并不小（龙冬平等，2014）。李小建（2009）通过研究得出，专业化生产与农户农业技术采用行为的关系体现为专业化生产会导致竞争压力的存在，竞争压力能够引起农户农业技术采用行为的发生，此外，有组织的农户群体与农业技术采用行为的关系表现为前者也可以推动后者的发生。

（三）文献评述

在农户农业技术采用行为研究内容方面，国外专家和学者主要在采用行为的影响因素、效果等方面进行了大量研究，研究成果十分丰硕，研究已比较成熟，而且为了促进农业环保技术的采用和推广、保护生态环境、实现农业可持续发展，国外学者十分重视农户农业环境保护技术采用行为的研究。我国学者主要探究了影响农户采用农业技术的因素、农户采用农业技术后带来的效果等，他们所取得的研究成果非常值得学习和借鉴。但同时有以下两方面的不足：一是大部分国内外学者研究的是农户农业技术采用行为的影响因素，而鲜有学者研究种稻大户这一新型农业经营主体农业技术采用行为的影响因素；二是大部分国内外学者尚未对农户进行分类，深入对比研究不同类型农户如传统散户和种稻大户农业技术采用行为的影响因素。

在农户农业技术采用行为研究方法方面，国外学者已经运用元胞自动机模型、主体空间模型、随机动态模型、技术接受模型、二阶段随机程序模型、期限分析、参与性农户评估法、面板数据模型、结构方程模型等比较科学有效的研究方法。国内学者在进行农户农业技术采用行为研究时运用的研究方法比较单一，较多采用二元 Logistic 模型，较少使用解释结构模型、技术接受模型、结构方程模型、多元回归模型、参与性农户评估法等研究方法，因此，研究方法有待进一步提升。

在农户农业技术采用行为研究视角方面，目前国外的研究视角比较新颖，倾向于采用动态研究视角和不确定性研究视角。国内的研究视角有待不断进行突破和创新，主要包括静态研究视角、单一农业技术研究视角、农户个体行为研究视角。静态研究视角主要体现在只对农户农业技术采用行为的某一个阶段进行研究，或者基于某一年的截面数据对农户农业技术采用行为进行探究。单一技术视角是指不研究不同的农业技术，而专门研究某一项农业技术。农户个体行为研究视角，主要体现在大部分学者研究了农户个体的农业技术采用行为，而仅有少数学者对农户在群体或组织中的农业技术采用行为进行研究。

在今后的农户农业技术采用行为研究中，我们可以从研究内容、研究方法、研究视角等方面进行突破和创新。具体来讲，研究内容的突破和创新主要体现在：在农户农业技术采用行为影响因素方面，可以尝试分析影响种稻大户采用农业技术的因素，此外，可以尝试对农户进行分类，如将农户分为传统散户和种稻大户，对比研究这两种不同类型农户农业技术采用行为的影响因素及其异同。研究方法的突破和创新主要体现在：对农户农业技术采用行为进行研究时，不应该只局限于传统的、比较简单的研究方法，而应该较多地运用比较合适的、更为先进的、科学的、复杂的分析方法，也就是从较多采用二元 Logistic 回归模型转向较多采用解释结构模型、二阶段随机程序模型、期限分析、参与性农户评估法、面板数据模型、结构方程模型等。研究视角的突破和创新主要体现在：研究农户农业技术采用行为时，在研究视角上应从静态视角转向动态视角，即不应局限于截面数据，而应趋向于选择动态的面板数据，并对农户农业技术采用行为的整个过程进行全程追踪研究，全面掌握农户认知、评估、决策、采用、反馈等机理过程；从农户单一农业技术采用行为研究转向多种农业技术采用行为研究；从局限于研究农户个体技术采用行为转向也研究农户的集合体如新型农业经营组织（家庭农场、种养大户、农业合作社等）的农业技术采用行为。

四 研究内容、框架与方法

（一）研究内容及技术路线

本书分七章详细深入地研究了种稻大户这一新型农业经营主体的农业技术采用行为，以下是具体的章节安排。

第一章是本书的绪论。在绪论部分，首先介绍了研究的背景，在介绍了本书的研究背景之后详细阐述了研究目的和意义，接下来在文献综述的基础上，探讨了本书的主要研究内容及技术路线，并交代了本书的研究框架及在进行研究时所运用的主要研究方法，在这一章的最后还对本书创新点进行了介绍。

第二章是相关概念界定与理论基础部分。本章首先对本书所涉及的新型农业经营主体、种稻大户、传统散户、农业技术、农业技术采用行为这五大核心和关键概念进行了详细的阐述，有利于确保本书研究对象的清楚明确，接着回顾、梳理了本书研究的四大理论基础：第一大理论基础是新型农业经营主体理论，第二大理论基础是农户行为理论，第三大理论基础是农业技术扩散理论，第四大理论基础是农业技术推广理论。这为研究种稻大户这一新型农业经营主体农业技术采用行为提供了比较充实的理论支撑。

第三章是农户农业技术采用的决策动机、特征及与需求的关系。本章在大量学习和梳理学者们研究成果的基础上，对农户采用农业技术的决策动机、农户农业技术采用的一般特征、现阶段农户农业技术采用的特点、农户农业技术采用行为改变的策略及农户农业技术采用行为与需求的关系进行了探究和阐述。

第四章是种稻大户这一新型农业经营主体农业技术需求影响因素实证分析。这一章是本书的重点内容之一。在此章中，以新品种技术、病虫草害防治技术、测土配方施肥技术及机械化技术为例，运用江苏省南部 395 户种稻大户的调研数据，实证研究影响以上四种农业技术需求的主要因素。

第五章是种稻大户农业技术采用行为影响因素的实证探讨。这一章是对种稻大户这一微观主体农业技术采用行为的进一步研究，也是本书的重点内容之一。本章的研究还是运用江苏省南部 395 户种稻大户的调研数据，在对家庭特征因素、农业生产特征因素、粮食作物种植情况进行控制的前提下，研究粮食补贴政策这一个因素对种稻大户采用增产型技术的影响。接着，将种稻大户资源禀赋划分为人力资本资源、社会经济资源、自然资源、劳动力资源、信息资源五种，实证研究资源禀赋对其环境友好型技术采用行为的影响机理。

第六章是种稻大户和传统散户农业技术采用行为影响因素对比研究。这一章依然是本书的研究重点所在。该章不仅利用湖北省四市，即荆门市、荆州市、枝江市、仙桃市 320 户传统散户的调研数据，还运用江苏省两市，即苏州市和无锡市 395 户种稻大户的调查数据，对这两种不同类型稻农采用保护性耕作技术的主要影响因素进行对比研究，探究影响他们该种农业技术采用行为的主要因素及其异同，深入挖掘他们该种技术采用行为各个影响因素之间的层次结构与相互关系。

第七章是主要研究结论及对策启示。这一部分对本书的主要研究结论进行了系统的总结和阐述，并在此基础上提出了可供参考和借鉴的对策建议，最后提出了研究展望。

基于以上七章研究内容，本书按照提出问题（如何促进种稻大户这一新型农业经营主体采用农业技术，保障我国粮食安全？）、分析问题（种稻大户农业技术采用行为研究的相关概念及理论基础，农户农业技术采用的决策动机、特征及与需求的关系，种稻大户新品种技术、病虫草害防治技术、测土配方施肥技术及机械化技术需求影响因素分析，粮食补贴政策对种稻大户采用增产型技术的影响分析及种稻大户资源禀赋对其采用环境友好型技术的影响分析，传统散户和种稻大户保护性耕作技术采用行为影响因素对比分析）、解决问题（促进种稻大户采用农业技术，保障我国粮食安全的对策启示）的三大步骤展开论述（技术路线见图 1−1）。

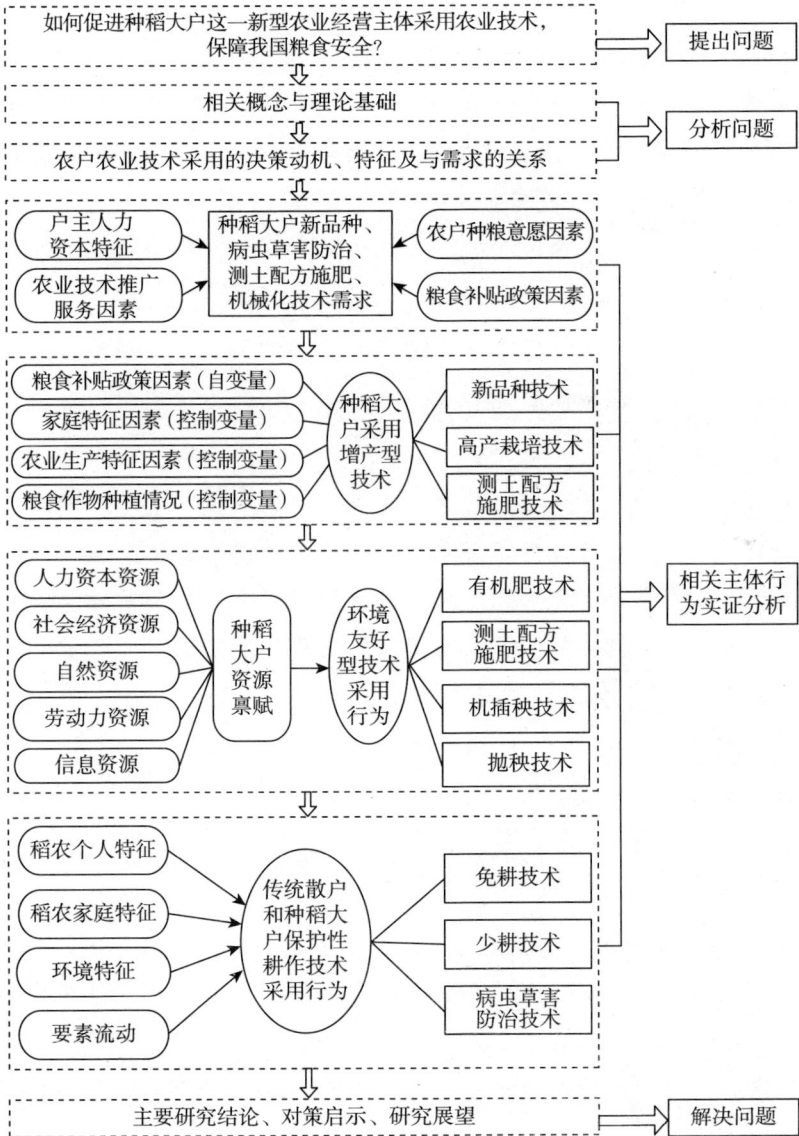

如何促进种稻大户这一新型农业经营主体采用农业技术，保障我国粮食安全?	⟹ 提出问题
相关概念与理论基础	⟹ 分析问题
农户农业技术采用的决策动机、特征及与需求的关系	

户主人力资本特征、**农业技术推广服务因素** → **种稻大户新品种、病虫草害防治、测土配方施肥、机械化技术需求** ← **农户种粮意愿因素**、**粮食补贴政策因素**

粮食补贴政策因素（自变量）、**家庭特征因素（控制变量）**、**农业生产特征因素（控制变量）**、**粮食作物种植情况（控制变量）** → **种稻大户采用增产型技术** → **新品种技术**、**高产栽培技术**、**测土配方施肥技术**

人力资本资源、**社会经济资源**、**自然资源**、**劳动力资源**、**信息资源** → **种稻大户资源禀赋** → **环境友好型技术采用行为** → **有机肥技术**、**测土配方施肥技术**、**机插秧技术**、**抛秧技术**

⟹ 相关主体行为实证分析

稻农个人特征、**稻农家庭特征**、**环境特征**、**要素流动** → **传统散户和种稻大户保护性耕作技术采用行为** → **免耕技术**、**少耕技术**、**病虫草害防治技术**

主要研究结论、对策启示、研究展望	⟹ 解决问题

图 1−1 技术路线

（二）研究框架

研究户主人力资本特征、农户种粮意愿因素、粮食补贴政策因素、农业技术推广服务因素对种稻大户新品种、病虫草害防治、测土配方施肥和机械化技术需求的影响，能够厘清其以上四种农业技术需求的关键影响因素，提高其以上四种农业技术需求，促进它们的采用，保障我国粮食安全。研究粮食补贴政策因素对种稻大户增产型技术采用行为的影响以及种稻大户资源禀赋对其环境友好型技术采用行为的影响，能够促进增产型技术和环境友好型技术的采用，保障我国粮食安全。对比研究稻农个人特征、稻农家庭特征、环境特征、要素流动对传统散户、种稻大户保护性耕作技术采用行为的影响，有利于促进保护性耕作技术的采用，保障我国粮食安全。研究框架见图1-2。

（三）研究方法

本书进行种稻大户这一新型农业经营主体农业技术采用行为研究时，运用的研究方法主要有文献研究法和数理统计方法，其中，数理统计方法包括二元 Logistic 回归模型、二元 Probit 回归模型、LPM 模型、边际效应分析、解释结构模型。

1. 文献研究法

首先，本书研究主题"新型农业经营主体农业技术采用行为研究——以江苏省南部395户种稻大户为例"的确定，一定程度上是在现有国内外研究文献上的一次创新性尝试。其次，通过对大量国内外研究文献的阅读、整理与归纳分析，进行关于种稻大户这一新型农业经营主体农业技术采用行为研究的文献综述，准确把握其农业技术采用行为研究的相关概念及理论基础，农户采用农业技术的决策动机、农户农业技术采用的一般特征、现阶段农户农业技术采用的特点、农户农业技术采用行为与需求的关系。最

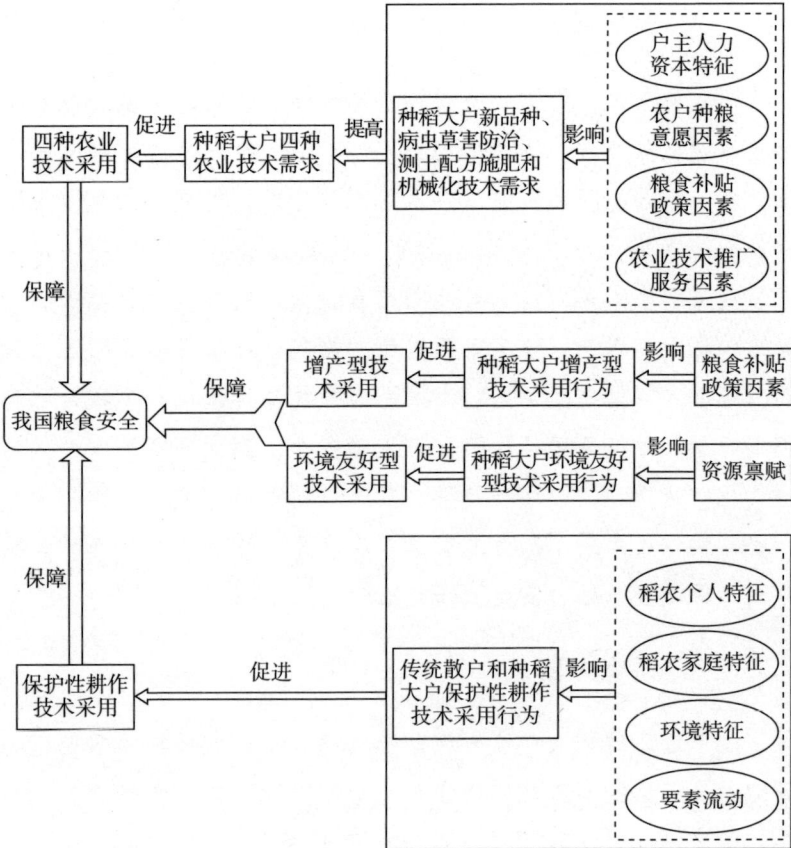

图 1 - 2 研究框架

后,本书对种稻大户农业技术,即新品种技术、病虫草害防治技术、测土配方施肥技术及机械化技术需求行为的影响因素进行实证研究,对粮食补贴政策影响种稻大户增产型技术采用行为和种稻大户资源禀赋影响其环境友好型技术采用行为进行实证研究,对传统散户和种稻大户这两种不同类型稻农保护性耕作技术采用行为的影响因素进行对比研究,文献回顾部分也运用了文献研究法。

2. 数理统计方法

(1) 二元 Logistic 回归模型

二元 Logistic 回归模型适用于因变量是二分类变量的情况。

在本书第四章中，种稻大户对某种农业技术（新品种技术、病虫草害防治技术、测土配方施肥技术、机械化技术）有需求用"1"表示，对某种农业技术（新品种技术、病虫草害防治技术、测土配方施肥技术、机械化技术）没有需求用"0"表示，由于因变量是二分类变量，因此，运用二元 Logistic 回归模型分别分析种稻大户新品种技术需求、病虫草害防治技术需求、测土配方施肥技术需求、机械化技术需求行为的影响因素。二元 Logistic 回归模型的基本形式为：

$$P_i = F\left(\alpha + \sum_{i=1}^{n} \beta_j X_{ij}\right) = \frac{1}{1 + \exp\left(-\alpha + \sum_{i=1}^{n} \beta_j X_{ij}\right)} + e_i$$

式中，P_i 表示种稻大户对某种农业技术（新品种技术、病虫草害防治技术、测土配方施肥技术及机械化技术）有需求的概率；β_j 是 4 类因素（户主人力资本特征、农户种粮意愿因素、粮食补贴政策因素、水稻技术推广服务因素）10 个自变量（性别、年龄、是否兼业、受教育水平、水稻种植规模、种粮积极性、国家粮食补贴金额、对国家粮食补贴政策的满意程度、是否参加农民专业合作社、是否参加过农业技术培训）的回归系数；n 表示自变量的个数，$n = 10$；X_{ij} 是自变量，表示第 j 种影响因素，i 表示种稻大户编号；α 为回归截距；e_i 表示随机扰动项。

此外，在本书第五章中也运用二元 Logistic 回归研究粮食补贴政策对种稻大户采用增产型技术的影响及种稻大户资源禀赋对其环境友好型技术采用行为的影响。

（2）二元 Probit 回归模型

当因变量是二分类变量时，常用 Logit 和 Probit 等离散选择模型。Logit 模型虽然得到最早和最广泛的使用，但是存在不能突破暗含成比例的替代形式以及随机口味的变化等局限性，Probit 模型能够避免这些局限，并且在分析基于主体效用最大化原则的选择行为时通常用该模型。在本书第五章中，种稻大户采用增产型技术用"1"表示，不采用用"0"表示，由于因变量是二分类变量，因此，运用二元 Probit 回归研究粮食补贴政策对种稻大户采用增产型技术的影响。种稻大户采用环境友好型技术用"1"表示，不采用用"0"，由于因变量是二分类变量，因此，运用二元 Probit 回归研究种稻大户资源禀赋对其环境友好型技术采用行为的影响。在本书第六章中，传统散户和种稻大户采用、不采用保护性耕作技术分别用"1""0"表示。所以，笔者利用二元 Probit 回归对比研究这两种不同类型稻农保护性耕作技术采用行为的影响因素及其异同。二元 Probit 模型的基本形式为：

$$Y^* = P(Y_i = 1/X) = \Phi(BX_i)$$

其中，Y 是因变量，代表稻农的农业技术采用行为；$P(Y_i = 1/X)$ 表示在给定 X 的情况下，稻农采用农业技术的概率；X 为解释变量向量，代表影响稻农农业技术采用行为的诸多因素；Φ 表示标准正态分布的累积分布函数；B 表示待估参数向量；i 表示第 i 个观测样本。

（3）LPM 模型

LPM 模型即线性概率模型，该模型的基本形式为：

$$y_i = \beta_0 + \beta_1 x_{1i} + \beta_2 x_{2i} + \beta_3 x_{3i} + \cdots + \beta_n x_{ni} + \mu_i$$

式中，y_i 为被解释变量，当 $y_i = 1$ 时，代表种稻大户采用农业技术，当 $y_i = 0$ 时，代表种稻大户不采用农业技术；β_0 表示截距；$\beta_1, \beta_2, \beta_3, \cdots, \beta_n$ 分别是解释变量 $x_{1i}, x_{2i}, x_{3i}, \cdots, x_{ni}$ 的回归系数；μ_i 表示样本残差项。

本书第五章运用 LPM 模型研究粮食补贴政策对种稻大户采用增产型技术的影响及种稻大户资源禀赋对其环境友好型技术采用行为的影响。

（4）边际效应分析

边际效应也被称为边际收益或边际贡献，是指增加一单位的生产要素所产生的收益。一般而言，边际效应的基本形式为：

$$MU = \frac{\Delta TU（Q）}{\Delta Q}$$

式中，MU 表示边际效应；ΔTU（Q）表示总效应的变化量；ΔQ 表示数量的变化量。

本书第五章分别报告了粮食补贴金额、粮食补贴政策满意度、务农人数所占比例、家庭人均月收入、人均耕地面积、专业化程度、水稻产量对种稻大户采用增产型技术的边际效应。也分别报告了户主年龄、家庭农业总收入、家庭年收入、非农收入比重、是否参加农民专业合作社、技术信息获取渠道种类对种稻大户环境友好型技术采用行为的边际效应。本书第六章不仅分别报告了性别、受教育程度、家庭人口数、家庭人均年收入、现有住房价值、是否参加农业技术培训对传统散户保护性耕作技术采用行为的边际效应，而且分别报告了受教育程度、水稻种植面积、家庭人均年收入、是否提供机械补贴、是否参加农业技术培训、土地流转对种稻大户保护性耕作技术采用行为的边际效应。

（5）解释结构模型

解释结构模型（ISM）是美国的 J. N. Warfield 为了对复杂社会经济系统的结构问题进行研究而开发的一种有效的方法。这种方法的特点是：将比较烦琐的系统进行分解，使其变为多个子系统要素，利用人们所具有的知识、实践经验以及计算机的协助，使得一个多级递阶结构模型得以构成，进而把模糊不清的思想转变成具有良好结构关系、比较直观的模型，在此基础上对关键因素间的结构关系进行观察，进而将最关键的因素找出来。现在，此种方法被学者们广泛运用于研究影响因素之间的层次性与相互作用关系（尹洪英等，2010；孙世民等，2012）。运用解释结构模型确定影响因素之间的层次结构与关联性，具体包括以下六个步骤：第一步是确定影响因素间的逻辑关系；第二步是确定影响因素间的邻接矩阵；第三步是确定影响因素间的可达矩阵；第四步是确定最高层的因素；第五步是确定其他层的因素；第六步是确定影响因素的层次结构。本书第六章通过二元 Probit 模型估计，分别明确了传统散户和种稻大户保护性耕作技术采用行为的影响因素及其异同，但尚未进一步分别深入探讨这两种不同类型稻农采用保护性耕作技术各影响因素间的层次结构与相互关系。而利用解释结构模型能够找到影响因素之间的层次结构和逻辑关系（余霜等，2014），因此，本章运用这一模型进一步分别挖掘影响两类稻农采用保护性耕作技术因素之间的层次结构与相互关系。

五　本书的创新点

国内外学者对一般农户、传统散户农业技术需求影响因素展开的研究较多，但对中国实施新的土地流转制度后形成的种稻大户这一新型农业经营主体农业技术需求影响因素的研究非常少，这将不利于农业技术的推广应用。鉴于此，本书第四章以中国种粮大省种稻大户的调查数据为基础，按照水稻从播种到收割的生产全过程，将农业技术分为播种中所需的新品种技术、成长中所需的病虫草害防治技术和测土配方施肥技术，以及收割中所需的机械化技术，实证研究种稻大户以上四种农业技术需求行为的影响因素，研究视角上具有一定的创新性。

本书第五章根据农业技术的功能和作用，将其分为增产型技术和环境友好型技术两大类，以种稻大户的调查数据为基础，实证分析粮食补贴政策对其增产型技术采用行为的影响，及种稻大户资源禀赋对其环境友好型技术采用行为的影响，即在这一章中对种稻大户多种农业技术采用行为的影响因素进行研究，研究内容和研究视角上具有一定的创新性。

　　本书第六章依据稻农水稻种植面积，将稻农分为传统散户和种稻大户两类，以这两种不同类型稻农作为研究对象，对比深入研究他们采用保护性耕作技术的影响因素及其异同，并在此基础上，运用解释结构模型分析方法判断传统散户保护性耕作技术采用行为各影响因素之间的层次结构与相互关系，以及种稻大户保护性耕作技术采用行为各影响因素之间的层次性与关联性，研究内容、研究方法上具有一定的创新性。

► 第二章
相关概念界定与理论基础

为了确保后续的研究具有比较好的根基，对与本书研究主题相关的概念和理论进行梳理、归纳和总结是十分必要的。因此，在对已有相关研究文献进行参考和借鉴的基础上，结合笔者自身的理解，本章首先对五个概念即新型农业经营主体、种稻大户、传统散户、农业技术和农业技术采用行为进行界定。接着，对四个理论进行详细阐述。具体而言，这一章的研究内容包括三节，第一节是相关概念的界定，第二节是理论基础，第三节是本章小结。

一 相关概念的界定

(一) 新型农业经营主体

新型农业经营主体在中国农业发展领域是一个全新的概念，其相关研究也是全新的课题，在我国逐步实现农业现代化的进程中被提出。在 2012 年之前，一些理论研究文献及政策研究文献涉及新型农业经营主体，在 2012 年及以后，这一概念才在官方文件中开始出现。新型农业经营主体这一概念最初并不被称为新型农业经营主体，而是被称为规模化经营主体。这一概念在现实中经历了一个比较长的时间及认识过程。传统农业家庭分散经营的缺点在我国农业市场化的进一步发展过程中逐步凸显，人们开始认识到农业技术推广、先进装备使用、有效对接市场会受到小户经营的制约，因此，理论界逐步开始探究中国农业经营方式，并在此基础上提出了这样一个概念，即规模化经营。在规模化经营这一概念被提出之后，规模经营主体这一概念开始在中央的文件中出现。但是伴随着认识的逐渐深化，农业经营领域的创新特点已经不能完全用规模经营主体这一概念来进行概括，因此，产生了新型农业经营主体这一概念，这一概念能够同时概括专业化、集约化、规模化生产方面。这一概念产生之后，理论界和官方逐渐接受这一具有比较广泛理论内涵的概念，不仅如此，新型农业经营主体被官方文件给予了极大关注、重视。

目前，学术界对新型农业经营主体的概念并没有一个统一的见解，很多从事农业经济研究的专家和学者对新型农业经营主体的概念进行了深入的研究。黄祖辉和俞宁（2010）将其定义为，发展目标是要实现农业现代化，其拥有的土地规模比较大，集约程度比较高，组织和管理制度比较科学化，主要依托家庭承包经营制度。其主要包括四种类型，第一种类型是种养大户，第二种类型是家庭农场，第三种类型是农民专业合作社，第四种类型是农业产业化龙头企业。其中，种养大户也被称为专业大户，是一种专业化的农户，这种专业化的农户比较特殊，其种植或者养殖规模比当地传统农户明显要大。各省份、地区以及各行业种稻大户的标准存在比较大的差别。种稻大户的经营方式一般比较集约化、粗放化，有些方面并不符合新型农业经营主体的标准，比如科技化程度、工作效率，但是学术界还是把其归于新型农业经营主体进行深入的研究，原因是在农村金融发展中种稻大户占有极其重要的地位。与一般种养大户相比，家庭农场在某些方面有更高的要求，比如生产经营稳定性、集约化水平、经营管理水平。家庭农场是指从事大规模家庭经营的农户，这类农户进行规模化、商品化生产，在生产经营过程中能够对资源进行较高水平的利用，还能对现代管理技术进行比较合理的运用，其主要劳动力是家庭成员，主要收入来源于农业生产经营活动。家庭农场这一新型农业经营主体最早在欧美国家出现。农民专业合作社是指一种互助性生产经营组织，这种组织按照自愿联合、民主管理的原则组织起来，在这种组织中某个地区内的农民以家庭为单位进行家庭承包经营。相比于其他农业经营主体，农民专业合作社主要包括以下四个方面的特点。在经营目标方面，合作社的生产经营目标是服务社员，主要在购买生产资料、销售产品、技术帮扶等方面为合作社社员提供服务，并不是以获取最大化利益为目标，由此可见，其经营目标具有一定程度的公益性。在组织结构方面，企业中股东根据自己入股的多少拥有不一样的投票权、决策权，股东的地位是不平等的，而在农民专业合作社中，社员皆处于一种平等的地位，可见其是一种带有合作性质的组织。在功能定位方面，传统分散经营的不足在农民专业合作社中可以得到有效规避，其在集约化生产、对接大市场、有效应对风险方面具有十分重要的作用。在利益分配方面，合作社社员的分红所得更多由合作社经济交往范围的大小决定，并不完全由入股资金决定。农业产业化龙头企业是指这样一种企业，即从事农业产业开发及农产品深加工的集生产、研发、销售于一体的企业。其在资金实力、技术条件及管理水平方面优势很大，而且与市场有比较紧密的关系。这种企业组织农户从事规模化生产经营，与农户通过利益联结起来，利益联结包括多种形式，如土地流转、土地入股、订单收购、购销合同等。农业产业化龙头企业是一种经营性组织，这种经营性组织以现代企业制度建立起来，在公司的内部，股东份额的多少决定管理权、决策权及利益分配。张照新和赵海（2013）认为新型农业经营主体是指一种农业经营组织，这种农业经营组织的经营管理能力以及物质装备条件都比较好，而且经营规模比较大，劳动生产率、资源利用率以及土地产出率比较高，主要目标是商品化生产。专业种养大户、家庭农场、农业专业化合作经济组织及以农业产业化龙头企业为代表的农业企业都属于新型农业经营主体。新型农业经营主体是指这样一种特殊的农业经营组织，这种组织的特殊性体现在其具有比较强的市场竞争力、比较高的集约化程度、比较大的经营规模。不仅农民合作经济组织和农业龙头企业属于这一经营主体，家庭农场和专业大户也属于这一经营主体（王兆林，2013）。关于新型农业经营主体的界定，李明水和王素琴（2013）的观点是，其一般有六种类型，第一种类型是现代农业科技产业园区，第二种类型是农业龙头企业，第三种类型是职业农民，第四种类型是家庭农场，第五种类型是专业大户，第六种类型是合作社。赵云鹏（2013）提出的观点是，一般来讲，新型农业经营主体是一种新型经营组织，这种新型经营组织以农户家庭为基本组织单位，受让农户流转出的土地，进行规模适度的农业生产、加工及销售。

根据以上农经界的专家和学者对农业经营主体的定义，本书将其界定如下。新型农业经营主体是一种现代化的产业经营主体和新型经营组织，实行的是规模化的农业生产经营，而不是小规模的家庭经营，它是对传统家庭经营的坚持和完善，而不是对传统家庭经营的一种否定。该经营主体在农业生产经营活动中充分运用现代化生产要素，如先进的管理、技术、资本等。其一般包括四种类型，第一种类型是专业大户，第二种类型是家庭农场，第三种类型是农民专业合作社，第四种类型是农业产业化龙头企业。其中，种养大户也称为专业大户，是一种种植或养殖规模比当地传统农户明显要大的专业化农户；家庭农场一般由从事大规模家庭经营的农户所有，其主要劳动力是家庭里面的成员，主要收入来源于农业生产经营活动；农民专业合作社是指一种按照自愿联合、民主管理的原则组织起来的互助性生产经营组织，在这种组织中某个地区内的农民以家庭为单位进行家庭承包经营；农业产业化龙头企业是指一种从事农业产业开发及农产品深加工的集生产、研发、销售于一体的企业。本书只将种稻大户这一种新型农业经营主体作为深入研究的对象。

（二）种稻大户

关于对种稻大户这一概念的界定，学者们的观点如下。廖西元等（2004）在对种植水稻的农户进行研究时，将水稻农户分为四大类：第一类为小户即水稻种植规模小于等于 5 亩的农户，第二类为一般户即水稻种植规模大于 5 亩且小于 10 亩的农户，第三类为种稻大户即水稻种植规模大于等于 10 亩且小于等于 50 亩的农户，第四类为规模户即水稻种植规模大于 50 亩的农户。向国成等（2002）对我国农业组织模式发展的阶段性及当前的选择进行研究时将小农生产与大农生产的基本分界线确定为 30 亩，农户的种植规模小于 30 亩称为小农生产，农户的种植规模大于 30 亩称为大农生产；从事小农生产的成员大多是家庭成员，从事大农生产的成员不仅有家庭成员，还有其他成员；在小农生产活动中，劳动力在各项要素投入中占比比较高，在大农生产活动中，资本在所有要素投入中占比比较高。周波（2011）提出种稻大户的水稻播种面积大于 50 亩即 3.33 公顷，其生产经营不是部分参与市场竞争，而是完全参与市场竞争，种稻收入占家庭总收入的比例大于 80%。朱萌等（2015a）在研究种稻大户这一新型农业经营主体农业技术需求的影响因素时，提出水稻种植规模超过 50 亩的农户是种稻大户。周波（2011）将种稻农户简称为"稻农"，是指种稻农民家庭，它是一种社会组织形式，这种社会组织形式由血缘关系组成，它既是生活组织又是生产组织。由于不同地区有不同的自然气候条件，而且生产力发展水平存在较大的差异，所以，衡量大户的标准也有所不同。杨宜婷（2013）根据课题组在江西省的实地调研情况，将水稻种植面积不小于 100 亩的农户界定为种稻大户。郑雅（2013）在实证研究影响种稻大户农业经营管理技术需求的主要因素时，根据已有相关研究文献，并结合江西省水稻种植的实际情况，将水稻种植面积不小于 100 亩的农户定义为种稻大户。张旭（2014）在研究种稻大户风险偏好对现代农业技术扩散的影响时，将水稻耕地面积不小于 100 亩的农户称为种稻大户，简称为大户。朱红根等（2008）基于江西省 385 个农户的实地调查数据，实证研究稻作经营大户对专业合作社需求的影响因素时，将种植规模大于 100 亩的农户称为规模经营大户。姚增福（2011）将种粮大户界定为具有一定示范作用的专业户，这种专业户有 100 亩以上的土地经营规模，以家庭承包经营为基础，在生产经营活动中雇工和采用先进的机械工具，70% 以上的家庭总收入来源于粮食作物经营。李伟（2012）的研究观点是，随着市场经济的发展，种稻大户产生并发展，他们代表新的生产力，是资源集聚的载体，是稻米生产适应专业化生产、合作化经营、社会化服务的重要力量，是经营方式的一种创新。水稻种植规模大于 100 亩的农户称为种稻大户，种稻大户分为三种，第一种是水稻种植规模大于 100 亩且小于 200 亩的农户，第二种是水稻种植规模大于等于 200 亩且小于等于 500 亩的农户，第三种是水稻种植规模超过 500 亩的农户。赵肖柯和周波（2012）根据江西省水稻种植的特点，在其研究中提出水稻种植面积大于 100 亩的农户才是种稻大户。郑晶（2013）在其研究中将种稻大户作为研究对象，并将种稻大户界定为水稻种植面积为 100 亩以上的农户，这些农户在进行农业生产经营活动时主要依靠家庭劳动力。他认为种稻大户的地域稳定性比较明显，即其流动性比较低，在一定地域范围内相对稳定；他们对当地资源禀赋熟悉，对农作物生长的特点比较了解；他们在选择农业技术信息渠道方面策略独到，在农业新技术采用方面积极主动，组织、带动、示范作用很强，极大地促进了先进农业技术的采用和推广。综合上述关于种稻大户界定的研究成果，并结合课题组在江苏省苏州市、无锡市的实际调查情况，本书将种稻大户界定为水稻种植面积 50 亩以上的农户。

（三）传统散户

关于传统散户这一概念的界定，不同的学者提出了不同的研究观点。有的学者将划分农户类型的标准确定为 2 亩，粮作经营规模小于 2 亩的农户称为小规模农户即传统散户（张建杰，2008）。有的学者将传统散户与种稻大户的划分标准确定为 10 亩（张忠根和史清华，2001）。还有的学者提出小农生产与大农生产的分界线是 30 亩，在小农生产中，农户的土地规模小于 30 亩，家庭成员是主要生产成员，劳动在要素投入中占比比较高（向国成等，2002）。周波（2011）和陈晓华（2014）将水稻种植面积作为划分不同类型稻农的标准，他们将种稻农户分为两大类，一类为一般稻农即传统散户，另一类为种稻大户，认为传统散户不仅水稻种植面积小于 50 亩，而且是兼业稻农。朱萌等（2015b）在不同类型稻农保护性耕作技术采用行为影响因素的研究中将传统散户称为一般稻农，并提出传统散户是指水稻种植规模小于或等于 50 亩即 3.33 公顷的农户。也有学者将更大种植面积数作为传统散户与大户的分界线。刘毕贵（2015）根据学者们的已有相关研究成果，并结合稻农实际的水稻种植面积情况，将水稻种植面积在 100 亩以下的稻农定义为小农户即传统散户。综合以上传统散户概念界定的相关研究文献，并结合课题组在我国湖北省荆门市、荆州市、枝江市、仙桃市调查的实际情况，笔者在本书中将传统散户定义为水稻种植面积小于等于 50 亩的农户。

（四）农业技术

在种植业、渔业、畜牧业以及林业中可以被运用的众多技术

（如植物病虫草害防治技术等）还有科研成果称为农业技术。[①]一般而言，农业技术可以划分为两大类型，即物化类有形技术、技术方法类无形技术。物化类有形技术比较容易交换、时效性比较强、采用具有一定的分散性、采用的范围及技术功效具有一定的局限性。动植物新品种、新型饲料、农药、肥料、农机具、塑料膜、生长调节剂等都属于物化类有形技术。技术方法类无形技术的措施呈现一定程度的时序性特征，技术效果呈现不稳定性的特征，技术方法类无形技术的采用具有一定的持续性，该类技术具有一定的相关性、综合性及生态区域局限性等。粮食经济作物如花卉、药材、果树、蔬菜、棉、油茶等的栽培技术，农业生物病虫草害防治技术，特定生态条件下的耕作制度，水生动物的饲养技术等都属于技术方法类无形技术（周波，2011）。

农业技术是特殊知识、经验、技能的总和，这种特殊的知识、经验、技能是人类在农业生产活动及农业科学实验过程中认识和改造自然所积累的。现在，一切农业生产经营活动中都广泛渗透着农业技术，它是农业活动中必要的一种要素，也是农业活动中的一座桥梁，这座桥梁连接了农业科学和生产。农业技术具有较强的区域性、明显的生物性、较长的周期性、较强的外部性，此外，农业技术成果的应用具有分散性，农业技术的效果具有不稳定性。农业技术的特点与其他领域技术的特点具有某些差异，这种差异是由农业生产的双重属性即自然再生产、经济再生产所决定的。一般来讲，农业技术可以按照不同的标准进行分类。按照其存在的形态，能够被划分为两大类，第一类是有形农业技术，第二类是无形农业技术，前者以实物形态存在，后者以非实物形态存在。根据市场导向将其分为高产农业技术和优质农业技术，采用后农作物的单位面积产量可以得到提高的技术称为

---

① 百度文库，http://wenku.baidu.com/view/0ac480f4f90f76c661371a1d.html。

高产技术，采用后产出农作物的品质可以得到提高的技术称为优质技术（满明俊，2010）。按照农业技术的特征及功能，可以将其分为病虫草害防治技术、节水灌溉技术、田间管理技术、土肥技术等。按照资源替代属性，其能够被分为三大类，第一类是土地节约型技术，第二类是资金节约型技术，第三类是劳动节约型技术（宋军等，1998）。按照公共属性还有商品化程度，我们能够把农业技术分为三大类，第一类是商品性农业技术，第二类是公益性农业技术，第三类是中间性农业技术（王武科等，2008）。具有较高的商品化程度，具有排他性和竞争性，生产及销售主要以市场为导向的技术称为商品性技术。外部正效应比较大，排他性和竞争性比较小或不存在的农业技术，我们称之为公益性农业技术。介于商品性和公益性这两者之间的技术称为中间性技术。

焦源（2014）的观点如下：农业技术既指不同工具也指不同规则体系，不同工具和规则体系是在农业领域内为某一目标的实现而共同协作组成的。一般来讲，实体性、联结性、渗透性要素构成农业生产力，农业技术为渗透性要素，可以渗透到其他要素中，农业技术对其他要素的渗透更多地体现为一种乘数效应，这种乘数效应主要表现为对劳动对象的渗透作用、对劳动手段的渗透作用、对劳动力的渗透作用和对管理方法的渗透作用。

综上所述，笔者认为农业技术是指在畜牧业、种植业、渔业以及林业中可以被运用的众多技术（如植物病虫草害防治技术等）还有科研成果。其具有明显的生物性、较长的周期性、较强的区域性、比较强的外部性，此外，农业技术成果的应用具有分散性，农业技术的效果具有不稳定性。农业技术为渗透性要素，可以渗透到其他要素中，农业技术对其他要素的渗透更多地体现为一种乘数效应。我们能够根据其特征、功能还有存在形态以及公共属性、商品化强弱等对其分类。本书将其按照两种标准进行分类，第一种是按照水稻从播种到收割的生产全过程，将农业技术分为播种中所需的新品种技术、成长中所需的病虫草害防治技术和测土配方施肥技术、收割中所需的机械化技术。第二种是根据农业技术的功能和作用，将其分为增产型技术、环境友好型技术两大类。其中，增产型技术是指能够收到明显增产效果的技术，包括新品种技术、高产栽培技术、测土配方施肥技术。环境友好型技术是指既能满足当代人在农业生产发展过程中产生的资源与环境需求，又不影响后代的资源与环境需求，并以经济发展与资源环境的持续承受能力相适应为指导思想的技术，包括有机肥技术、测土配方施肥技术、机插秧技术、抛秧技术、保护性耕作技术。

（五）农业技术采用行为

关于对农业技术采用行为的界定，国内和国外学者提出了各自独到的见解。满明俊（2010）提出的研究观点如下：农业技术采用行为是指农户对传统的技术、传统的思维方法、传统的习惯进行改变，对新的方法、观点、技术、技能进行采用的行为和决策，农户采用农业技术是为了满足某种需要。农业技术采用行为包括个体采用行为和群体采用行为，前者为农户认识某一项农业技术，并对其感兴趣和进行试用，最后评价和采用的过程；后者为由个别少数农户采用到全体或大多数农户采用的过程。一般而言，农户的农业技术采用行为具有多样性、动态性、风险性、周期性等特性。涂振东（2007）认为农户采用农业技术的行为是一个过程，即农户了解某项农业技术，思考某项农业技术，直到认可和掌握某项农业技术，最终将这项农业技术运用于现实的农业生产活动和农业经营活动。农户的技术采用行为也是一个经济决策过程，是指农户对拥有的各类资源进行充分的配置，在农业生产经营过程中采用农业先进技术，以获得最大的收益（李想，2014）。农户的农业技术采用行为是农户为了实现最大化的家庭效用，进行的一种博弈与选择，这种博弈与选择发生在农业与非农业之间，也发生在传统农业技术与现代农业技术之间（于正松，2014）。Rogers（1962）从精神接受的角度对农业技术采用行为进行界定，他的观点是，农业技术采用行为是指从开始听说一项创新技术到最后进行采用的过程，这是一种精神接受的过程。Feder 等（1985）指出农业技术采用行为是指农户层面的技术采用行为、宏观层面的整体技术采用行为。

综合上述国内外专家和学者对这一概念界定的研究成果，笔者这么界定这一概念：农业技术采用行为是指农户在农业生产经营活动中为了满足某种需要，如获得最大化的收益、实现最大化的家庭效用等，对农业技术进行了解、思考、认可、掌握，并最终将其运用于实际的农业生产经营活动中的过程。农业技术采用行为可以分为个体采用行为和群体采用行为。

二　理论基础

（一）新型农业经营主体理论

新型农业经营主体理论包括新型农业经营主体的类型、发展现状、特征，其成长中面临的问题、对农业现代化产生的作用、功能定位，培育的条件、建议等十分丰富的内容。

新型农业经营主体一般划分为四种类型，第一种类型是专业大户，第二种类型是家庭农场，第三种类型是农民专业合作社，第四种类型是农业产业化龙头企业（孙中华，2012）。这四类新型农业经营主体的发展现状如下。专业大户的发展现状是：专业大户的数量大量增加，根据我国农业部所进行的准确的数据统计，我国 2012 年年底经营面积比 6.67 公顷还要大的专业种养大户的数量达 270 万户（中国农村科技编辑部，2013）。由于具有一定的规模经营优势，专业大户具有比较高的收入水平。他们的发展速度十分快，在畜禽产品供给方面，其贡献十分巨大。家庭农场的发展现状是：根据我国农业部的统计，2012 年年底，我国的家庭农场一共有 87.7 万个，家庭农场的总经营耕地面积是 1173 公顷。与一般农户相比，家庭农场具有较强的市场化意识和商品化意识，其以比较高的价格出售农产品（农业部新闻办公室，2013）。最近一些年来，家庭农场在我国发展得比较快，然而较大的差异在东部、中西部及东北地区并没有得到一定的消除，也就是，与中西部和东北地区相比，家庭农场在东部发展得较早，同时具有较多的数量；与东部地区相比，家庭农场在中西部地区以及东北地区发展得不是很快（孟丽等，2015）。农民专业合作社的数量出现了大量的增加，它们成了一种有效的载体，这种载体发挥了四种作用，一是组织农户生产农产品，二是进行农产品加工，三是对接龙头企业，四是从事市场营销（张照新和赵海，2013）。截止到 2012 年年底，我国农民专业合作社的数量是 63.4 万家，实有成员的数量是 4436 万人，每个合作社的成员大约是 70 个（农业部，2002，2011，2012）。第四类新型农业经营主体农业产业化龙头企业的发展现状为：实力逐渐变得强大。其数量大量增加，截止到 2012 年年底，我国的农业产业化龙头企业的数量大约是 12 万家（农业部，2002，2011，2012）。21 世纪以来，我国农业产业化龙头企业发展的速度比较快，形成了一种新的发展格局，这种新的发展格局的基础是 9 万多家中小龙头企业，核心是1253 家国家重点龙头企业，骨干是 9000 多家省级龙头企业。农产品市场供应量的 1/3 是农业产业化龙头企业提供的农产品和加工制品的数量，主要城市"菜篮子"产品供给量的 2/3 以上是其提供的农产品和加工制品的数量（农业部新闻办公室，2011）。

新型农业经营主体的特征包括多个方面，即其呈现男性化、年轻化、知识化、组织化、社会化趋势，实行的是规模化和集约化经营，经营水平比较高，从事的是专业化生产，并以市场化为导向，商品化率高，重视品牌建设，盈利能力较强，资金来源多元化，追求利益最大化等。代表性学者的具体观点如下所述。新型农业经营主体的基本特征主要包括重视品牌建设，产品认证比例较高；市场导向明显，销售渠道各有千秋；盈利能力较强，资金来源多元化；经营规模较大，呈现辐射带动效应（黄祖辉和俞宁，2010）。从实践方面来看，新型农业经营主体的基本特征主要包括以下四个方面，即基础是规模化、导向是市场化、标志是集约化、手段是专业化。孔祥智（2014）提出新型农业经营主体呈现男性化、年轻化、专业化、知识化和规模化的特征。新型农业经营主体的特征主要包括规模适度、经营集约化、生产专业化和具有比较高的市场化程度（刘倩倩，2014）。土地产出率、劳动生产率、商品化率高、实行规模化经营、融入现代生产要素是新型农业经营主体的主要特征（翁贞林和阮华，2015）。种稻大户这一新型农业经营主体的基本特征可以用"五化"进行概括，即男性化、年轻化、规模化、知识化、专业化（朱萌等，2015a）。

新型农业经营主体在成长中面临的问题比较多，不仅有来自农业体制、机制不顺的问题，而且有来自地方政府和相关部门形成的障碍因素，归纳总结起来，一是国家扶持新型农业经营主体发展的相关款项没有很好地得到落实，二是针对新型农业经营主体的乱收费现象依然存在，三是国家相关耕种补贴款存在错配，四是在市场竞争中新型农业经营主体处于一种弱势地位，五是农业保险体系不完善，对新型农业经营主体的发展壮大不利（汪发元，2015）。

新型农业经营主体是我国农业现代化的主导力量，其主要在三个方面对农业现代化产生作用。一方面是新型农业经营主体进行企业化运作，追求的核心目标是利润，能够实现农业的"三化"，即市场化、品牌化、绿色化。另一方面，新型农业经营主体的出现使农业变得有利可图，越来越多的外出务工青年被吸引回乡进行创业，他们组建农民专业合作社或者是家庭农场，使得农业"老龄化"进程得到了一定程度的延缓。此外，在农业生产经营过程中，先进的科技要素必然被实现了规模化经营的新型农业经营主体引进，使得"三率"即土地生产率、资金生产率、劳动生产率和集约化水平都得到提高（孔祥智，2014）。

新型农业经营主体的功能定位可以界定为其所确定的核心业务和业务边界，这些核心业务和业务边界是根据农村经济发展水平、自身资源禀赋和相关制度环境所确定的。专业大户的功能定位是：使我国农产品的供给得到稳定和增加；积极参与土地流转；为传统农户提供一定的技术指导和信息指导；以农村致富能手做好对传统农户的示范。家庭农场的功能定位是：提高我国农产品的质量系数及安全系数；丰富我国农产品的供给；完善农业基础设施；使当地尚未就业的劳动力得到一定程度的解决；在农村经济领域中既实现现代工商企业管理模式的创新又实现现代工商企业管理模式的移植；使农业公共产品的供给得以增加。农民专业合作社的功能定位是：解决小生产与大市场的矛盾；打造区域特色农业；使农村优秀文化得到传承和发扬；改造农村集体经济；推动农民专业合作社社员的生产互助和优势互补。农业产业化龙头企业的功能定位是：使农业产业链得到延长，使农业比较收益得到提高；推动我国的农产品参加国际竞争；实现农产品保值增值；对我国农业发展提供管理示范、金融支持；使农业经营主体建立利益联盟；发明先进的农业技术并进行创新和推广（江维国，2014）。

新型农业经营主体培育的条件包括内在条件和外在条件。内在条件包括以下几点：经济利益是其根本；中坚力量是专业大户或精英农户、种养能人；重塑农民主体地位要以村社集体经济组织为依托；把农业产业作为支撑是培育其内在的关键；其能够健康发展的内部保证是完善的治理结构。外部条件包括以下几个方面：通过引进技术、培育人才为新型农业经营主体的培育不断注入新的活力；将发展规划、政策扶持作为基础，建立"四位一体"的培育政策支持体系，四位一体是指保险、信贷、税收和金融；以法律的完善、制度的供给作为保证，塑造比较好的法律环境及制度环境；有效地结合市场机制和政府功能，协同推进培育新型农业经营主体（王国敏和翟坤周，2014）。

关于培育新型农业经营主体的建议，代表性学者的观点如下。第一点是，土地流转服务和土地流转管理的进一步加强，利益分配机制的逐步完善，农民土地权益的逐渐明确，农业生产性建设用地问题的解决等使农村土地承包政策得到完善，也使土地流转服务得到加强。第二点是，使支持政策得到进一步的完善，对其扶持力度逐渐加大。例如，一方面，可以增强对其直接补贴力度；另一方面，可以对其开展的社会化服务进行大力支持等。第三点是，通过就业优先战略及更加积极的就业政策的实施、农村产权制度改革的深化、户籍制度改革的深化及相关制度建设的协调推进等措施加快统筹城乡发展步伐，使农业转移人口市民化得到有序的推进。第四点是，通过农村中小金融体系的加快发展，支持规模经营主体参加农业保险，农村信贷担保方式的创新使农村金融改革得以深化，使政策性农业保险得到加快发展（张照新和赵海，2013）。汪发元（2014）提出，首先，通过改革创新扶持政策、完善土地流转政策、发展创业融资政策等促进新型农业经营主体成长；其次，通过制定农业土地流转的规定以及实行农产品质量安全的监管等举措推动其不断壮大；最后，通过建立自下而上的行业协会、实现市场信息的通畅共享和个体权益的行业维护等增进新型农业经营主体权利。

（二）农户行为理论

农户具有多种多样的行为，如生产、消费、投资、经营、决策等，这些多种多样的行为从根本上来看都可以看成是经济行为，我们可以从经济学的角度进行分析。通过查阅相关研究资料发现，主要有三大流派研究农户行为理论。第一个学派是理性小农学派，代表人物是舒尔茨；第二个学派是历史学派，代表人物是黄宗智；第三个学派是生存小农学派，代表人物是恰亚诺夫。

①理性小农学派。美国农业经济学家舒尔茨是理性小农学派的代表人物，其代表著作是《改造传统农业》，在该著作中他提出，导致农业生产率比较低、产出也比较低这一状况的原因是传统农业思想的禁锢、定式化生产的基本特征及技术创新缺乏。然而贫穷并不代表资源配置的效率低下，在传统农业中，农民是精明能干的，他们具有经济理性，总是考虑如何能够通过较少的付出换来最后的最大化产出。假如存在比较有效的鼓励和投资机会，他们会努力地将黄沙变成黄金。传统的农业是有效的，即使传统农业贫穷。舒尔茨认为我们并不能够把经济增长的源泉确定为传统农业，其中的原因是，人们投资的积极性不能被很低的投资收益率所刺激。与农场规模问题相比，要素均衡问题在改造传统农业的过程中更加关键。更好地改造传统农业的方法包括所有权与经营权合一的家庭农场、居住所有制形式。为了让农民能够学会使用新的生产要素，必须向他们进行教育、在职培训等投资，强化他们的技能和知识积累。

②历史学派。加利福尼亚大学洛杉矶分校的黄宗智教授是历史学派的代表人物。他认为农村经济发展要先后经历三个阶段，第一个阶段是密集化历史阶段，第二个阶段是过密化历史阶段，第三个阶段是发展阶段，在这三个阶段中，我国的农村家庭生产正处于第二个阶段。十分著名的"拐杖逻辑"由黄宗智教授在《华北的小农经济与社会变迁》中提出，在《长江三角洲小农家庭与乡村发展》中"拐杖逻辑"不仅得到了完善，而且形成了系统性的小农命题。小农命题认为，小农家庭收入包括两个部分，

第一个部分是农业家庭收入，第二个部分是非农收入，其中，非农收入主要包括手工收入、雇工收入等，第一个部分的拐杖是第二个部分，依靠这支比较特殊的拐杖的支撑，我国过密化生产的小农才能够生活。过密化的后果是，多余劳动力的劳动机会成本几乎等于零，只能继续依附于小农经济，即无法成为一个独立的新群体。历史学派指出，必须把追求最大化效用的消费者行为理论与追求最大化利润的企业行为理论相结合，分析小农行为。

③生存小农学派。苏联农业经济学家恰亚诺夫是生存小农学派的代表人物，《农民经济组织》是其代表作。恰亚诺夫对农民家庭经济活动的运行机理进行了研究，主要基于两大理论基础即"家庭生命周期论"和"劳动－消费均衡论"，运用静态分析方法，从微观层面进行研究。恰亚诺夫发现，小农家庭农场的运行机制还有运行规律与资本主义农场的运行机制和运行规律是完全不一样的。前者运行机制的决定因素主要有两个，第一个是家庭的消费，第二个是劳动的供给。农户家庭的经济活动量由两个因素即劳动投入、消费满足来决定。在辛苦程度与消费满足感相均衡的时候，家庭的经济活动量就会确定。此外，家庭经济活动量会随着人口构成中劳动者与消费者比例发生周期性变化及家庭人口规模而变化。获取最大的利益不是小农所追求的，小农所追求的是满足家庭消费。小农经济并不是理性的，而是非理性的，此外，小农经济的效率是比较低的。

（三）农业技术扩散理论

不仅技术踏车理论属于农业技术扩散理论，创新扩散理论也属于农业技术扩散理论，此外，新产品增长模型也属于农业技术扩散理论。

①技术踏车理论。这一理论的主要内容是早期采用者最先尝试农业先进技术，他们在获取超额利润时也使农业先进技术得到

扩散。在早期采用者的带动下，大批技术跟随者开始接受农业技术并在生产经营活动中采用农业技术，于是对农业技术进行采用的跟随者变得非常多，这导致农产品供给曲线出现逐渐朝右边移动的情况，但是这时候消费需求曲线是不会发生变化的，因此，农产品的价格现在会出现降低的情况，最终没有了超额利润。如果农产品的价格既不高于平均水平，也不低于平均水平，而是与平均水平相等，农业技术即便被落后者采用，丰厚的利润最后也不属于他们。在这个时候，早期采用农业技术的人慢慢地不采用以前的农业技术了，而转向寻找最终能够给自己带来非常多利润的其他农业技术，上述过程重复循环，于是"踏车效应"形成了。

②创新扩散理论。在 Rogers 的这一理论中，农户进行农业技术采用的过程一般分成五个阶段，第一个阶段是认识，第二个阶段是兴趣，第三个阶段是评价，第四个阶段是试用，第五个阶段是采用或放弃。处于第一个阶段时，农户关注和重视的农业技术是什么？自己可以通过哪种或者是哪些方法对其进行操作？运用农业技术后自己的生活中会出现什么样的好处？自己的生产中会出现怎样的好处？处于第二个阶段时，农户可以大致判断出自己在生活中遇到的困难，并可以借助某项农业技术进行解决，自己在生产中面对的问题也可以依靠某项农业技术进行处理，因而对某项农业技术有兴趣，并对该项农业技术的相关信息进行积极主动地收集。在评价阶段，农户将依据自身的实况，评价某项农业技术，并对某项农业技术做出采用决策或拒绝决策。在试用阶段，农户会在自己的田间对某项农业技术进行小规模的试用，而且认真仔细地观察自己的试用结果，假如认为其具有一定的可靠性，他们才会在农业生产活动中对该项农业技术进行引进。

③新产品增长模型。这一模型由 Bass 于 1969 年所建立，其假设条件有：随着时间的推移，市场潜力是保持不变的；随着时间的推移，产品的性能也是保持不变的；某种创新的扩散独立于

其他创新；扩散包括采用和不采用这两个阶段过程；市场营销策略不对某种创新的扩散产生影响；供给约束不存在；采用者没有差别；社会系统的地域界限不随扩散发生变化。最初该模型被用来预测耐用消费品的销售情况。该模型的应用十分成功，后来多个领域如农业、教育业、制药业、零售服务业等也应用这个模型。将新产品增长模型应用在农业技术领域，对农业先进技术进行采用的农户被划分为两大类，第一类是革新者，第二类是模仿者。对于农业先进技术，革新者往往会率先独立地采用，模仿者并不是一开始就采用，而是先向革新者学习，然后才开始采用。在农业技术扩散时，第一类技术采用者和第二类技术采用者将会随时间呈"S"形波动。后来，Feder 和 O'Mara（1981）对技术扩散的"S"形路径进行了推倒验证。在新产品增长模型的扩展研究中，Karshenas 和 Stoneman（1993）把技术扩散划分为四种类型，即流行、排序、秩序、存量模型。

（四）农业技术推广理论

农业技术推广理论主要包括三种理论即框架理论、农业踏板原理、沟通理论。

①框架理论。农业推广框架理论是阿布列奇特提出来的，他是德国著名的农业推广专家。框架理论中提出，一个有组织的框架具有农业推广服务及目标团体系统。其中，农业推广服务系统是指农业技术推广人员、农业技术推广机构、农业技术推广人员和推广机构所处的外部宏观环境；目标团体系统是指农民、农民所处的外部宏观环境。农业推广服务系统的作用是诱导农户改变行为；目标团体系统的作用是对推广策略及方法是否有效进行衡量。农业推广服务系统与目标团体系统相互作用、渗透，它们相互作用、渗透的方式是沟通。外部宏观环境对上述两种系统的相互作用、相互渗透、产出、工作绩效会产生影响，产生的影响主

要分为两大类，第一类是直接影响，第二类是间接影响。经济、政治、社会文化、法律、农村社会区域环境等都属于这一环境的范畴。

②农业踏板原理。农业踏板原理认为，农产品存在"两低"，即价格低、需求弹性低。农业生产经营者为了获得最大化的利润，会对农业技术不断地采用。农户采用农业技术的过程主要包括五个阶段，前两个阶段分别是认识、感兴趣阶段，第三个阶段是评价阶段，第四个阶段是实验阶段，第五个阶段是采用阶段。农户采用农业技术及其在农户中间得到扩散会带来两个方面的好处，一方面是农业技术被大规模普及并被推动进步，另一方面是促进农业经济发展（李俊利，2011）。

③沟通理论。早期的"技术传输"在20世纪70年代发展到双向沟通阶段。"双向沟通"理论提出，推广过程中的基本要素包括双向沟通。在推广过程中，推广方法，也就是沟通方式显得十分重要。原因是，一些主观因素和客观因素会对农户产生影响，导致其对信息有不同的感受及理解。所以，在推广过程中，为了获得比较好的推广效果，推广人员及机构可以依据不同推广对象的实况，采用不同的推广方法。将推广内容——信息与推广方法——沟通这两者相乘，便可以得到推广效果（管红良，2005）。"双向沟通"理论还提出，沟通既要求技术扩散者传递信息给接受者，又要求技术接受者将其获得的信息反馈给技术扩散者。也就是说，沟通并不是一个单向的过程，而是一个双向的互动过程，这个双向的互动过程会受到文化背景这一因素的影响。所以，沟通的循环过程由多个要素即技术扩散者、技术接受者、信息、反馈、渠道、文化背景等构成。

三　本章小结

在回顾和总结已有相关研究文献的基础上，笔者结合自身的理解，首先界定了与本书研究主题相关的概念。接着，对本书的理论基础进行了系统的总结和介绍。本章的主要研究结论包括以下几个方面：新型农业经营主体是一种现代化的产业经营主体和新型经营组织，实行的是规模化农业生产经营，而不是小规模家庭经营，它是对传统家庭经营的坚持和完善，而不是对传统家庭经营的一种否定。先进的技术、先进的管理、资本等一系列现代化的生产要素能够被其在农业生产活动和农业经营活动中充分地利用。一般而言，新型农业经营主体包括四种类型，其中，种养大户也称为专业大户，与当地传统农户相比较，其种植或养殖规模更大。家庭农场的主要劳动力是家庭里面的成员，主要收入来源于农业生产经营活动，一般而言，其进行的是规模比较大的家庭经营。农民专业合作社是一种具有特殊性质即互助性质的生产组织和经营组织，在这种组织中，某个地区内的农民以家庭为单位进行家庭承包经营。农业产业化龙头企业是指从事农业产业开发及农产品深加工的集生产、研发、销售于一体的企业。种稻大户是指水稻种植面积在 50 亩以上的农户。传统散户是指水稻种植面积小于等于 50 亩的农户。农业技术的定义是在畜牧业、种植业、渔业以及林业中可以被运用的植物病虫草害防治技术、农产品质量安全技术、良种繁育技术等一系列实用技术和科研成果。它们是人类在农业生产活动及农业科学实验过程中认识和改造自然所积累的成果。农户农业技术采用行为的定义是，农户为了获得最大化的收益、实现最大化的家庭效用等，对农业技术进行了解、思考、认可、掌握，并最终将其运用于实际的农业生产中以及农业经营中。新型农业经营主体的类型，其发展的现状、特征，成长中面临的问题，对农业现代化产生的作用，功能定位，培育的条件、建议都属于新型农业经营主体理论包括的内容。通过查阅相关研究资料发现，主要有三大流派研究农户行为理论。第一个学派是理性小农学派，代表人物是舒尔茨；第二个学派是历史学派，代表人物是黄宗智；第三个学派是生存小农学派，代表人物是恰亚诺夫。农业技术扩散理论一般包括三种，技术踏车理论、创新扩散理论及新产品增长模型。农业技术推广理论主要包括三种理论，即框架理论、农业踏板原理、沟通理论。

► 第三章
农户农业技术采用的决策动机、特征及与需求的关系

上一章对种稻大户这一新型农业经营主体农业技术采用行为研究的相关概念进行了界定，并对理论基础进行了梳理和阐述。这一章在对农户采用农业技术的决策动机进行研究的基础上，梳理并归纳农户农业技术采用的一般性特征，在对农户农业技术采用的一般特征进行总结后研究了其在现阶段采用农业技术的一些特点，在此基础上尝试探究其改变采用技术的策略以及技术采用与技术需求这两者之间的联系和区别，以便为后续研究打下比较好的基础。具体而言，这一章的研究内容包括五节：第一节是农户采用农业技术的决策动机；第二节是农户技术采用行为的特征；第三节是农户农业技术采用行为改变的策略；第四节是农户农业技术采用行为与需求的关系；第五节是本章小结。

一 农户采用农业技术的决策动机

农经界的专家和学者对此问题的研究主要包括两类，即效用研究、风险研究。基于"理性小农"的观点，效用研究中提出采用农业技术能够带来的最大效用是农户对其进行采用的决策动

机。基于"生存小农"的观点，风险研究中提出农户采用农业技术的决策动机是风险最小化。林毅夫（1991）通过改进诱致性技术变迁学说，并构建一个有机证券模型，第一次研究农作制度变迁对农户农业技术采用决策行为的影响。其研究显示：在集体制下，农户并不对盈利性进行考虑，而在家庭责任制下，获得最大化的效用决定农户采用农业技术的决策。朱希刚和黄季焜（1994）提出，当现有农业技术的净收益大于农户对新技术的预期净收益时，农户不会采用新技术，反之，农户则会采用新技术。由此可见，朱希刚也认为农户采用农业新技术的决策动机是新技术采用后能够带来效用。汪三贵和刘晓展（1996）通过研究发现，在做是否采用农业技术（如玉米地膜覆盖技术）的决定时，受到信息约束的贫困地区的农户倾向于对风险进行回避，其采用农业技术的决策动机是风险最小化。此外，也有学者认为效用最大化及风险最小化同时是农户采用农业技术的决策动机。满明俊和李同昇（2010）对采用公共性技术、商业性技术、中间性技术的农户行为、决策因素及技术获取途径进行实证分析得出的结论是：收益最大化和风险最小化是农户采用农业技术的决策动机。

二　农户农业技术采用行为的特征

（一）农户采用农业技术的一般特征

经济有利性、周期性、市场诱导性、风险性及农业技术采用是一个学习的过程，这五个方面均是农户采用农业技术的一般性特征。

①农业技术采用的经济有利性。农户是理性经济人，他们主要是根据农业先进技术能否给自己带来最大化的收益来做出是否采用农业先进技术的决策。一般来讲，如果农户将农业先进技术

在生产中进行应用，农业生产成本或者是劳动强度会得到一定程度的降低，而且农户的农作物产量会得到增加，农业收入也会得到提高。然而，需要注意的是，在进行农业实践活动的过程中，经济有利性、使用的难易程度、农业先进技术使用的追加投资等因素都会对农户做出是否采用农业先进技术的决策产生影响。

②农业技术采用的周期性。农户最开始对某项农业先进技术进行采用，采用某项农业先进技术进行农业生产活动和农业经营活动后，如果存在其他更好的技术，这时农户将进行试用。若与原来采用的先进农业技术相比，更加先进的农业技术会带来更好的效果，农户将不再对最开始采用的先进农业技术进行采用，而转向采用更加先进的农业技术。农户从接受某项农业先进技术到放弃采用某项农业先进技术，直到采用更加先进的技术，上述环节呈现周期性的特点。一种技术所有的增产增收潜能和其供给时间会对农户采用该项农业先进技术的周期产生一定的影响。

③农业技术采用的市场诱导性。农户农业技术采用具有市场诱导性特点，这是因为农户的自身利益在市场经济条件下依赖于市场来实现。在目标函数还有约束条件不变时，农户会采用最优的技术方案，最终获得最大化的利益。此外，市场会产生一种支配作用，这种支配作用针对的是农业生产要素的供给和需求，市场生产要素价格会产生一定的诱导作用，在这种诱导作用下，带有经济理性的农户总会采用最低成本的农业技术。如果差异性变化出现在要素价格上，那么他们的农业技术采用行为就会发生，目的是用农业技术替代价格昂贵的要素。

④农业技术采用的风险性。农户在采用农业技术时不仅可能获得一定的收益，而且会面临一定的风险。农业技术采用的风险性是由以下两种情况所造成的：第一，在农户使用农业技术的过程中，由于其科技素质、知识水平不是很高，他们将难以对农业技术进行正确的使用，最终导致人为因素方面的风险；第二，农

业生产的投入以及产出在市场经济条件下都会面临市场价格不确定的问题，这将造成农户采用农业技术的风险出现逐渐加大。此外，农户采用农业技术的风险随着生产要素投入的增加而增大。

⑤农业技术采用是一个学习的过程。农户采用某项农业技术是一个逐渐学习的过程，并不是一次性进行完全采用。这个过程主要被划分为四个阶段，第一个阶段是认识，第二个阶段是感兴趣，第三个阶段是决策，第四个阶段是应用。农户会主动咨询农业技术推广部门，积极参加相关农业技术培训，自觉购买相关的农业技术书籍等，以便获得更多可靠的信息，使其两方面得到一定程度的提高，一方面是农业技术采用的水平，另一方面是农业技术采用的决策能力。农户现在采用农业技术水平的根据是其过去对某种知识的了解，农户未来采用农业技术的决策是由两个方面所决定的，第一个方面是农户过去积累的对农业技术的了解，第二个方面是农户现在积累的对农业技术的了解，上述过程即逐渐的学习过程（孙联辉，2003）。

（二）现阶段农户采用农业技术的特点

技术采用的多样化、迫切性、自主性增强及技术简易化等四个方面是农户现阶段采用农业技术所呈现的主要特点。

①农户采用多样化的农业技术。这一特点体现为农户不仅渴望一般性技术，又需要综合配套技术，还需要高新技术等。农户农业技术采用多样化的原因主要有以下三个方面。第一，农户的经营目标在市场经济体制下由对最大总量的追求转向对最大收入的追求，这就导致农业技术的需求结构随着种植结构的多元化而逐步扩大。第二，不同地区、经济状况、知识水平等因素对农户农业技术采用的多样化产生了一定的决定作用。第三，由于农民主体的多元化及对农业新技术预测的异样化，农户农业技术采用存在多样化。

②农户农业技术采用的迫切性。已有学者的研究表明，不仅种植规模比较小的小农户，而且种植规模比较大的规模户；不仅粮棉种植户，而且蔬菜专业户，其农业技术和市场信息都是他们最需要的（谭明方，2002）。虽然农户对农业技术进行采用的积极性会因为一些原因有一定程度的下降，但是农户是理性经济人，为了获得最大化的利润，他们迫切需要采用农业技术。

③农户农业技术采用的自主性增强。农户农业技术采用的自主性主要表现为处于市场经济环境中的农户逐渐变得既是农业生产活动的主体，也是农业经营活动的主体，其会依据市场供求信息对生产什么以及生产多少做出决定，并根据生产什么以及生产多少来决定对哪些农业技术进行采用，以期获得最大化的自身利益。

④农业技术简易化。影响农户采用农业先进技术的因素有很多，如农户自身的受教育水平、农户家庭收入、农户的耕地规模、农户家庭人口数等，此外，某项农业技术是否适用、是否比较简易、是否比较容易被掌握、是否比较容易被操作等也会对农户是否采用该项农业技术产生重要的影响。这就要求科研部门，还有农业技术推广部门使农业先进技术尽量简易化，比较容易被掌握、被操作，广大农户才会积极主动地采用农业先进技术。

三　农户农业技术采用行为改变的策略

农户农业技术采用行为改变的策略主要包括两种，即面向行为主体的策略和面向行为环境的策略。

①面向行为主体的策略。面向行为主体的策略是指以农户为中心、使农户本身的素质得到一定程度提高的策略。改变行为一般是对知识进行改变、对技能进行改变以及对态度进行改变。其中，对前两个方面进行改变是相对简单的，而改变态度难度比较大，因此，需要花费的时间也比较长。一般来讲，改变态度要经

历这样一个比较复杂的过程，即首先由服从转变为认同，接着由认同转变为同化，最后由同化转变为内化。就农户农业技术采用行为而言，农户对某项农业先进技术从一开始的不认识转变为后来的认识，从一开始没有兴趣转变为后来有兴趣，进而产生对该农业先进技术乐意学习、愿意试用的意向，最终将其运用在农业生产活动和农业经营活动中，上述这样一个过程就是改变态度。一旦农户的态度发生改变，并且农业技术推广人员对其进行帮助及指导，他们的行为就会开始发生改变，对某项农业先进技术进行采用。所以，农业技术推广人员可以通过示范教育、农业技术培训、个别指导等使生产规模比较小的农户和生产规模比较大的农户的态度发生改变，并对应用农业先进技术的知识和技能进行掌握；还可以通过舆论引导、宣传倡导、思想教育、说服、行政干预等对农户行为进行适当改变。此外，可以发挥农村社区、社会团体（如基层组织、民间团体）等的作用，促进农户改变行为。

②面向行为环境的策略。面向行为环境的策略是指这样一种特殊的策略——使物质条件或农业环境发生变化，进而改变农户的农业技术采用行为，这种策略的中心是改变行为环境。使农业环境发生变化，一般而言主要是使以下四个方面的环境发生改变：第一个方面是基础设施环境，第二个方面是技术服务环境，第三个方面是政策法律环境，第四个方面是组织环境。环境的改变是现代农业技术推广和扩散的前提条件。假如不对农业生产比较利益低、技术服务环境差、基础设施条件差等情况进行改变，将很难对现代农业技术进行广泛推广。农业技术推广人员可以从两个方面对农户进行一定的帮助，这两个方面分别是：对具有一定现代化程度的信息服务网络进行构建并对该网络进行逐渐完善，确保各种相关的信息、资源还有服务能够被农户获得；在其对农业先进技术进行学习时，给予最大的帮助。

四 农户农业技术采用行为与需求的关系

农业技术采用行为是指农户在农业生产经营活动中为了满足某种需要如获得最大化的收益、实现最大化的家庭效用等，对农业技术进行了解、思考、认可、掌握，并最终将其运用于实际的农业生产经营活动中的过程。农业技术采用行为可以分为个体采用行为和群体采用行为。农业技术需求是指农户主体愿意购买而且有能力购买的农业技术数量的总和。农业技术需求在内容上包括两个方面：一方面是农业技术需求的种类，另一方面是农业技术需求强度。农业技术需求的种类是指农业技术路径或者是方向选择，农业技术需求强度是指农业技术需求量的大小（赵海东，2006）。由此可见，农户农业技术采用行为与农户农业技术需求是两个不同的概念，这两者是有区别的。这两者也是有联系的，一般而言，这两者的联系具体体现为：前者产生的前提条件是后者，农户的技术动机由后者引发，其技术动机产生后将引发前者。从农户的农业技术采用行为与农户农业技术需求的联系中可以看出，以后者存在为前提条件，才能促进前者的发生，最后提高农业技术的采用率（夏勇开和刘殿国，2011）。

五 本章小结

在这一章中，笔者首先研究了农户农业技术采用的决策动机、特征，接着对其改变采用技术的策略还有技术采用和技术需求这二者的关系进行了研究，并得到以下结论：效用最大化和风险最小化是农户采用农业技术的决策动机。一般而言，农户采用农业技术的特征分为两个方面的内容，第一个方面是一般特征，第二个方面是现阶段特点。一般特征主要包括五个方面，即农业技术采用的经济有利性、周期性、市场诱导性、风险性及农业技术采用是一个学习的过程；现阶段农户农业技术采用的特点主要包括四个方面，即农户农业技术采用的多样化、迫切性、自主性增强及农业技术简易化。农户农业技术采用行为改变的策略分为两种：第一种是面向行为主体的策略，即以农户为中心、使农户本身的素质得到一定程度提高的策略；第二种是面向行为环境的策略，它是一种特殊的策略，使物质条件或农业环境发生变化，进而改变农户采用技术的行为。其技术采用行为与其技术需求是两个完全不同的概念，这两者的关系主要体现在区别和联系两个方面。区别主要体现在农户农业技术采用行为与农户农业技术需求的概念不同。农业技术采用行为是指农户在农业生产经营活动中为了满足某种需要，如获得最大化的收益、实现最大化的家庭效用等，对农业技术进行了解、思考、认可、掌握，并最终将其运用于实际的农业生产经营活动的过程。农业技术需求是指农户主体愿意购买而且有能力购买的农业技术数量的总和。联系主要体现在前者产生的前提条件是后者，农户的技术动机由后者引发，其技术动机产生后将引发前者；以后者存在为前提条件，才能促进前者的发生，最后提高农业技术的采用率。

▶ 第四章
种稻大户农业技术需求影响因素实证分析

　　上一章研究了农户农业技术采用行为与需求的关系。通过上述研究可得，农户农业技术采用行为与农户农业技术需求并不是同一个概念，我们不能将这两者等同起来；此外，这两者具有一定的联系：后者存在，才能促进前者的发生，最后提高农业技术的采用率。因此，十分有必要研究和弄清哪些因素影响农户的农业技术需求，并在此基础上提出可供参考的切实可行的对策启示，增强其技术需求，最终有效地推动农业技术的采用和推广。鉴于此，这一章以中国东部种粮大省——江苏省南部为研究区域，以对中国实施新的土地流转制度后形成的种稻大户这一新型农业经营主体的调查数据为基础，实证研究其农业技术即新品种技术、病虫草害防治技术、测土配方施肥技术及机械化技术需求的影响因素，以便为提高种稻大户以上四种农业技术需求，进而促进其采用和推广提供实证依据与对策参考。具体而言，这一章的研究内容包括六节：第一节是研究假说；第二节是数据来源及样本描述；第三节是模型构建及变量赋值；第四节是种稻大户农业技术需求的影响因素分析；第五节是结论与对策启示；第六节是本章小结。

一　研究假说

借鉴国内外学者关于农业技术需求影响因素方面的研究成果（例如陈利顶、马岩，2007；姜明房等，2009；齐振红等，2009；王景旭等，2010；庄丽娟等，2010；许朗、刘金金，2013；Feder et al.，1985；Mariano et al.，2012；Noltze et al.，2012；Tobin et al.，2013），并结合课题组开展的"国家科技支撑计划水稻产业技术调研"中的实际情况，将影响种稻大户农业技术需求的因素归纳为户主人力资本特征（如性别、年龄、是否兼业、受教育水平）、农户种粮意愿（如水稻种植规模、种粮积极性）、粮食补贴政策因素（如粮食补贴金额、对国家粮食补贴政策的满意度）及农业技术推广服务因素（如农民专业合作社、农业技术培训）。水稻生产离不开关键农业技术的支撑，这些技术涉及水稻播种到收割的全过程，具体包括播种所需的新品种技术、成长所需的病虫草害防治技术和测土配方施肥技术，以及播种和收割所需的机械化技术等。因此，本章所研究的农业技术包括新品种技术、病虫草害防治技术、测土配方施肥技术、机械化技术四种。

（一）户主人力资本特征影响农户对农业技术的需求

国内外的许多实证研究指出，性别对农户的技术需求有显著影响（Doss and Morris，2000），男性户主对农业技术的需求比女性更为强烈（李波等，2010）。一般而言，户主的年龄会影响农户对农业技术的需求，并且，对于不同的农业技术，户主年龄的影响方向可能不同。户主年龄越大，越希望增加收入以备日后养老，而新品种技术和测土配方施肥技术能够明显提高水稻产量，提高家庭收入，因此，年长的户主可能对这两种技术有更大的需求。同时，年长的户主由于思想观念比较保守而喜欢沿用过去的病虫草害防治经验，因此，他们需要新的病虫草害防治技术的可能性较小。此外，户主年龄越大，他们的体力会更差，因而对能够节省体力的机械化技术有更大的需求。王宏杰（2011）提出，是否兼业是影响菇农农业技术需求意愿较为显著的因素，两者呈负相关关系。吴敬学和杨巍（2007）认为，稻农兼业化的趋势，使得他们对农业技术的需求日益强烈。周波和陈曦（2013）指出，受教育水平较高的种稻大户对农业新技术的需求更强。基于上述分析，提出假说1。

假说1：种稻大户户主的人力资本特征影响其对农业技术的需求。男性户主对农业技术的需求比女性更强烈；年龄正向影响其对新品种技术、测土配方施肥技术、机械化技术的需求，负向影响其对病虫草害防治技术的需求；是否兼业的影响方向不明确；户主受教育水平的预期影响为正。

（二）种粮意愿影响农户对农业技术的需求

关于种粮意愿对农户农业技术需求的影响，国内外研究者得出的研究结论不一致。有些学者认为，农户的水稻种植规模与其技术需求呈明显的正相关关系，即农户的水稻种植规模越大，越需要农业技术（Lee and Stewart，1983；Atanu et al.，1994）。特别地，农户的种植面积会显著正向影响其对农业节水技术的需求（Khanna，2001）。而国内学者褚彩虹等（2012）得出的研究观点与上述国外学者相反，她认为，耕地规模越大，农户越不倾向于需要农业技术。此外，农户的水稻种植意愿越强烈，越会需要农业技术（王景旭等，2010）。基于上述分析，提出假说2。

假说2：种粮意愿影响种稻大户对农业技术的需求，水稻种植面积的影响方向不明确，种粮积极性的预期影响为正。

（三）粮食补贴政策影响农户对农业技术的需求

关于粮食补贴政策对农户农业技术需求的影响，学者们进行了大量实证研究。温卡华（2002）认为，国家对稻农的补贴会刺激稻农对新技术的需求，因为他们会拿这些"额外"的钱去买新品种、新农药、新机械等。农户对国家种稻补贴政策的满意程度与其对农业技术的需求意愿呈正相关关系（齐振宏等，2009；周末等，2010）。基于上述分析，提出假说3。

假说3：粮食补贴政策影响种稻大户对农业技术的需求、获得的国家粮食补贴金额和对国家粮食补贴政策的满意程度变量的预期影响为正。

（四）农户对农业技术的需求受到农业技术推广服务因素影响

代表性学者的观点是，农民专业合作社在农村技术信息服务中扮演非常重要的角色，特别是在对农业新技术的传播和利用方面更是起不可低估的作用，对农户的农业技术需求具有显著的影响（王海霞，2009）。关于农业技术培训对农户农业技术需求的影响，徐世艳和李仕宝（2009）通过建立 Logistic 模型指出，农业技术指导与培训显著正向影响中国农户的农业技术需求。葛继红等（2010）认为，参加农业技术培训的次数越多，农户越倾向于需要并选择测土配方施肥技术。基于上述分析，提出假说4。

假说4：农业技术推广服务因素影响种稻大户对农业技术的需求、是否参加农民专业合作社的影响方向不明确，参加农业技术培训的农户预期对农业技术有更多的需求。

综上所述，本章以户主人力资本特征、农户种粮意愿因素、粮食补贴政策因素和农业技术推广服务因素作为解释变量，将农业技术需求作为被解释变量，提出如图 4-1 所示的假说模型。

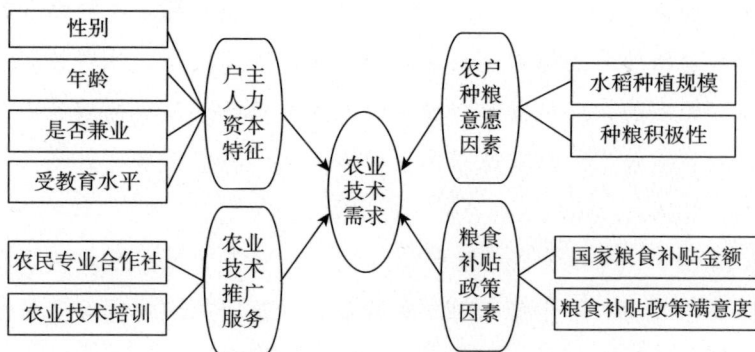

图 4 - 1　种稻大户农业技术需求影响因素假说模型

二　数据来源及样本描述

（一）数据来源

本章所采用的数据来源于课题组 2013 年 7 月在江苏省南部地区开展的"国家科技支撑计划水稻产业技术调研"。调查地区是苏州市的张家港市和常熟市、无锡市的江阴市和宜兴市。选取这 4 个市为调查区域的原因是：这 4 个市的种粮大户比较多且分布集中，具有一定的代表性。本次调查采用分层随机抽样方式选取样本：首先，从所选的每个市下辖的乡镇中随机选取 4～5 个乡镇，然后从所选的每个乡镇中随机选取 4～5 个村，最后依据当地相关农业管理部门提供的登记信息，在所选的每个村中随机选取 5～6 户种稻大户。调查对象为种稻大户的户主。调查内容主要包括两方面：一是种稻大户户主的基本特征信息，例如性别、年龄、受教育水平、是否兼业等；二是种稻大户的农业技术需求及有关影响因素，包括对 4 种农业技术的需求情况、获得国家粮食补贴情况、对国家粮食补贴政策的满意程度、水稻种植规模、种粮积极性、农民专业合作社参加情况、农业技术培训参加情况等。调查采用入户面对面深度访谈和问卷调查相结合的方式进行，调查员发放的调查问卷一共有 412 份，最终得到的可用于研究的问卷即有效调查问卷的数量是 395 份。

（二）样本基本特征分析

种稻大户呈现男性化、年轻化、专业化、知识化和规模化的特征（陈晓华，2014；孔祥智，2014）。本章研究的样本同样呈现这样的特征。样本种粮大户中，男性户主占 92.4%，年龄是 50 岁及以下的户主占 79.5%，专业从事水稻种植（不兼业）的户主占 57.7%，受教育水平为初中及以上的户主占 77.7%，所有样本的水稻平均种植规模为 185.07 亩。可见，样本具有一定的代表性。从样本的其他特征看，虽然样本种粮大户组织化程度和农业技术培训参与程度较高，但其对国家粮食补贴政策的满意度和种粮积极性都较低——只有 12.9% 的种稻大户对国家粮食补贴政策感到"很满意"和"比较满意"；种粮积极性"非常低"、"比较低"和"一般"的种稻大户所占比例高达 94.9%；81.0% 的种稻大户参加了农民专业合作社；96.2% 的种稻大户参加过农业技术培训，见表 4 - 1。

表 4 - 1　样本基本特征的描述

变量	选项	样本（人）	比例（%）	变量	选项	样本（人）	比例（%）
性别	女	30	7.6	对国家粮食补贴政策的满意程度	非常不满意	116	29.4
	男	365	92.4		比较不满意	211	53.4
年龄	30 岁以下	5	1.3		一般	17	4.3
	30～40 岁	108	27.3		比较满意	37	9.4
	40～50 岁	201	50.9		很满意	14	3.5
	50 岁及以上	81	20.5	种粮积极性	非常低	91	23.0

变量	选项	样本（人）	比例（%）	变量	选项	样本（人）	比例（%）
是否兼业	非兼业	228	57.7	种粮积极性	比较低	167	42.3
	兼业	167	42.3		一般	117	29.6
					比较高	11	2.8
受教育水平	未读书	6	1.5		非常高	9	2.3
	小学	82	20.8	是否参加农民专业合作社	未参加	75	19.0
	初中	209	52.9		参加	320	81.0
	高中及中专	68	17.2	是否参加过农业技术培训	未参加	15	3.8
	大专及以上	30	7.6		参加过	380	96.2

三　模型构建及变量赋值

（一）模型构建

本书建立江苏省南部种稻大户农业技术需求影响因素的实证模型如下。

$$Y = F(\text{户主的人力资本特征、农户种粮意愿因素、粮食补贴政策因素、}$$
$$\text{农业技术推广服务因素}) + \text{随机扰动项} \qquad (4-1)$$

（4-1）式中，Y 是因变量，表示种稻大户对本章所研究的 4 种农业技术的需求状况，种稻大户对某种农业技术有需求用"1"表示，对某种农业技术没有需求用"0"表示。由于因变量是二分类变量，本书采用二元 Logistic 回归模型分析种稻大户农业技术需求的影响因素。二元 Logistic 回归模型的基本形式为：

$$P_i = F(\alpha + \sum_{i=1}^{n} \beta_j X_{ij}) = \frac{1}{1 + \exp(-\alpha + \sum_{i=1}^{n} \beta_j X_{ij})} + e_i \qquad (4-2)$$

（4-2）式中，P_i 表示种稻大户对某种农业技术有需求的概率；β_j 是前文提到的 4 类因素 10 个自变量的回归系数；n 表示自变量的个数，$n = 10$；X_{ij} 是自变量，表示第 j 种影响因素，i 表示种稻大户编号；α 为回归截距；e_i 表示随机扰动项。

（二）变量赋值

基于相关文献和田野调查的综合分析，前文提及的影响种稻大户农业技术需求的 4 类因素 10 个变量的赋值见表 4 - 2。

表 4 - 2 变量的赋值

变量名称	定义及赋值	预期方向
因变量		
新品种技术需求	"是否对新品种技术有需求？" 否 = 0；是 = 1	—
病虫草害防治技术需求	"是否对病虫草害防治技术有需求？" 否 = 0；是 = 1	—
测土配方施肥技术需求	"是否对测土配方施肥技术有需求？" 否 = 0；是 = 1	—
机械化技术需求	"是否对机械化技术有需求？" 否 = 0；是 = 1	—
户主人力资本特征		
性别	女 = 0；男 = 1	+
年龄	户主的年龄（岁）	+ ，- ，+ ，+
是否兼业	"户主是否兼业？"否 = 0；是 = 1	?
受教育水平	未读书 = 0；小学 = 6；初中 = 9； 高中及中专 = 12；大专及以上 = 15	+
农户种粮意愿因素		
水稻种植规模	2012 年的水稻种植规模（亩）	?
种粮积极性	非常低 = 1；比较低 = 2；一般 = 3； 比较高 = 4；非常高 = 5	+
粮食补贴政策因素		
国家粮食补贴金额	包括农资综合直补资金、粮食直补、 农机具购置补贴、良种补贴（元/亩）	+

续表

变量名称	定义及赋值	预期方向
对国家粮食补贴政策的满意程度	非常不满意 =1；比较不满意 =2；一般 =3；比较满意 =4；很满意 =5	+
农业技术推广服务因素		
是否参加农民专业合作社	"是否参加了农业专业合作社？"否 =0；是 =1	？
是否参加过农业技术培训	"是否有家庭成员参加过农业技术培训？"否 =0；是 =1	+

注："＋"表示自变量对因变量有正向作用，"－"表示自变量对因变量有负向作用，"？"表示不相关或影响方向不确定。当自变量对种稻大户四种农业技术需求的影响方向存在不同时，表中只给出共同的预期影响方向。

四　种稻大户农业技术需求的影响因素分析

为保证回归结果有效，首先对自变量间的多重共线性进行检验。运用多重共线性诊断法得到的全部结果显示，方差膨胀因子（VIF）均小于10，各自变量之间不存在多重共线性。利用调查数据，分别对种稻大户新品种技术需求、病虫草害防治技术需求、测土配方施肥技术需求、机械化技术需求的影响因素进行二元Logistic 回归分析，得到结果依次见表 4 – 3 中的模型 1 ~ 模型 4。从回归结果看，4 个模型的整体拟合情况较好。

表 4 –3　种稻大户农业技术需求影响因素的 Logistic 模型估计结果

	模型 1	模型 2	模型 3	模型 4
性别	0. 391 ***	0. 562 *	0. 446 **	0. 649 *
年龄	0. 035	– 0. 171 **	– 0. 138	– 0. 297 **
是否兼业	0. 163	0. 061	0. 258	– 0. 927 ***
受教育水平	0. 121 **	0. 064 ***	0. 086 *	0. 930 *
种粮积极性	0. 062	0. 337	0. 024 **	0. 074 **
对国家粮食补贴政策的满意程度	0. 059 **	0. 047 ***	0. 072 *	0. 043

	模型 1	模型 2	模型 3	模型 4
是否参加农业技术培训	0.063	1.202	−1.374	1.139
负 2 倍对数似然值	519.726	489.712	537.332	492.594
R^2	0.031	0.084	0.057	0.028
调整的 R^2	0.039	0.078	0.053	0.047

注：＊代表通过了 10% 统计水平的显著性检验，＊＊代表通过了 5% 统计水平的显著性检验，＊＊＊代表通过了 1% 统计水平的显著性检验。

第一，户主人力资本特征的影响。种稻大户户主的性别显著正向影响他们对新品种技术、病虫草害防治技术、测土配方施肥技术、机械化技术的需求。在模型 1～模型 4 中，性别变量分别通过了 1%、10%、5% 和 10% 统计水平上的显著性检验，且方向为正，说明男性户主的种稻大户对上述 4 种农业技术有需求的概率更大。调查统计结果也印证了这一点。在户主为男性的种稻大户中，对上述 4 种农业技术有需求的种稻大户所占比重分别为43.4%、50.8%、32.3%、41.9%；而在户主为女性的种稻大户中，这些比重分别为 30.8%、42.3%、15.4%、30.8%，明显小不少。这一状况既与农村"男主外女主内"的传统价值行为取向有关，也与现在的男性劳动力外出务工回乡后往往比女性劳动力的视野更开阔，并握有决策主动权有关。

种稻大户户主的年龄显著负向影响他们对病虫草害防治技术和机械化技术的需求，即种稻大户户主的年龄越大，对病虫草害防治技术和机械化技术有需求的概率越小。调查结果也显示，当户主的年龄由 30 岁以下上升到 50 岁以上时，对以上两种技术有需求的种稻大户所占比重分别由 60.0% 和 40.0% 减少到 40.7%和 25.9%。日益严重的病虫害对粮食产量构成直接威胁，年轻的户主承担养家糊口的重任，承受的生活压力更大，因此，更希望利用先进的病虫草害防治技术来确保水稻的高产出和收入的稳定。此外，相比于年长的户主，年轻户主在病虫草害防治方面缺乏经验。而使用机械化技术需要农民具备一定的理解、学习和接受能力，相比于年轻的户主，年长户主的学习能力和接受新技术的能力较差，因此，他们对机械化技术的需求相对较低。

种稻大户户主是否兼业显著负向影响他们对机械化技术的需求。调查结果显示，在户主兼业的种稻大户中，对机械化技术有需求的种稻大户占32.0%，而在户主非兼业的种稻大户中，这一比重为48.1%。与户主兼业的种稻大户相比，户主不兼业的种稻大户的家庭收入来源相对单一，为了提高家庭收入，他们会减少水稻生产成本如劳动力成本，因此，他们往往倾向于采用能够节约劳动力成本的机械化技术。

种稻大户户主的受教育水平显著正向影响他们对新品种技术、病虫草害防治技术、测土配方施肥技术和机械化技术的需求。在模型1～模型4中，受教育水平变量分别通过了5%、1%、10%和10%统计水平上的显著性检验，且方向为正，说明户主的学历越高，种稻大户越需要新品种技术、病虫草害防治技术、测土配方施肥技术及机械化技术。调查结果也显示，在受教育水平为"未读书"和"大专及以上"的样本中，对上述4种农业技术有需求的种稻大户所占比重分别由16.7%、50.0%、25.0%、50.0%上升到37.5%、56.3%、75.0%、58.0%。种稻大户户主的受教育水平越高，学习不同农业技术的能力也就越强，也能越快地接受和掌握不同的农业技术。

第二，农户种粮意愿因素的影响。种稻大户的水稻种植规模显著正向影响他们对病虫草害防治技术的需求。调查统计结果也印证了这一点。当种稻大户的水稻种植规模由50～200亩上升到800亩以上时，对病虫草害防治技术有需求的种稻大户所占比重由37.2%增加到62.8%。种植规模越大，种稻大户对水稻的生产越重视，也越担心病虫草害所带来的风险。

种稻大户的种粮积极性显著正向影响他们对测土配方施肥技

术、机械化技术的需求。在模型 3 和模型 4 中，种粮积极性变量分别通过了 10% 和 5% 统计水平上的显著性检验，且方向为正。调查结果也显示，在种粮积极性为"非常低"和"非常高"的样本中，对上述两种农业技术有需求的种稻大户所占比重分别由 10.6% 和 21.2% 上升到 34.7% 和 43.8%。其原因是，种粮积极性较高的种稻大户，对能够提高产量的测土配方施肥技术以及能够节省劳动力的机械化技术十分关注，更能深入了解到这些农业技术的优点及其应用价值，因此，对测土配方施肥技术、机械化技术有需求的概率更大。而种稻大户对新品种技术及病虫草害防治技术的需求受种粮积极性的影响不显著的原因是，新品种技术与病虫草害防治技术是比较常见的农业技术，种粮大户对这两种农业技术的认知差别不大。

第三，粮食补贴政策的影响。种稻大户对国家粮食补贴政策的满意程度显著正向影响他们对新品种技术、病虫草害防治技术、测土配方施肥技术的需求。他们对国家粮食补贴政策越满意，对以上 3 种农业技术有需求的概率越大。调查统计结果也显示，在对国家粮食补贴政策的满意度为"非常不满意"和"很满意"的样本中，对上述 3 种农业技术有需求的种稻大户所占比重分别为 18.2%、12.9%、20.3% 和 43.7%、58.0%、32.8%。其原因可能是，种稻大户对国家粮食补贴政策越满意，他们对相关农业管理部门会越信任，对于他们积极宣传并大力推广的新品种技术、病虫草害防治技术、测土配方施肥技术等先进农业技术，种稻大户会越愿意接受和应用。

第四，农业技术推广服务因素的影响。种稻大户是否参加农民专业合作社、是否参加农业技术培训均没有显著影响他们对 4 种农业技术的需求。其原因可能是，对于以上 4 种农业技术的相关知识，种稻大户普遍通过村里的农技站、种子公司、种粮能手等获得的，专业合作社在技术推广方面所起的作用较小。种稻大户虽然参加过农业技术培训，但是参加的培训次数较少，培训效果并不理想。

五　结论与对策启示

本书通过对江苏省南部种稻大户这一新型农业经营主体不同农业技术需求影响因素的实证分析，得到以下结论：种稻大户呈现出男性化、年轻化、专业化、知识化、规模化的特征；户主为男性、户主受教育水平更高以及对国家粮食补贴政策的满意程度更高的种稻大户，对新品种技术有需求的概率更高；户主为男性、户主更年轻、户主受教育水平更高、水稻种植规模更大以及对国家粮食补贴政策的满意程度更高的种稻大户，对病虫草害防治技术有需求的概率更高；户主为男性、户主受教育水平更高、种粮积极性更高以及对国家粮食补贴政策的满意程度更高的种稻大户，对测土配方施肥技术有需求的概率更高；户主为男性、户主更年轻、户主不兼业、户主受教育水平更高以及种粮积极性更高的种稻大户，对机械化技术有需求的概率更高。

基于以上研究结论，提出以下对策启示。第一，农业相关部门和推广人员在新品种技术、病虫草害防治技术、测土配方施肥技术、机械化技术的推广实践中，应该有针对性地对户主为男性的种稻大户进行宣传和推广。此外，对于户主年轻的种稻大户，应着重推广病虫草害防治技术及机械化技术。第二，提高种稻大户的种粮积极性。一方面，加大对国家粮食补贴政策的宣传力度，及时、准确、足额发放有关补贴；另一方面，不断完善当地的粮食补贴政策，如把粮食补贴和粮食产量、质量以及种粮面积结合起来，以激励种稻大户多种粮和种好粮，促进他们对测土配方施肥技术、机械化技术的采用。第三，加大土地流转力度，促进规模化经营。引导和鼓励农民采取转包、租赁、互换、转让、入股等多种形式开展土地流转，把分散化、细碎化的小规模土地集中到种稻大户手中，发展适度规模经营。此外，给予土地流转达到一定规模的种稻大户资金补贴以及税收、保险等方面的扶持，鼓励他们采用病虫草害防治技术。

六　本章小结

本章以江苏省南部 395 户种稻大户这一新型农业经营主体为例，运用二元 Logistic 方法实证分析了他们对不同农业技术即新品种技术、病虫草害防治技术、测土配方施肥技术、机械化技术需求的影响因素。研究结果表明：种稻大户呈现男性化、年轻化、专业化、知识化、规模化的特征；户主为男性、户主受教育水平更高以及对国家粮食补贴政策的满意程度更高的种稻大户，对新品种技术有需求的概率更高；户主为男性、户主更年轻、户主受教育水平更高、水稻种植规模更大以及对国家粮食补贴政策的满意程度更高的种稻大户，对病虫草害防治技术有需求的概率更高；户主为男性、户主受教育水平更高、种粮积极性更高以及对国家粮食补贴政策的满意程度更高的种稻大户，对测土配方施肥技术有需求的概率更高；户主为男性、户主更年轻、户主不兼业、户主受教育水平更高以及种粮积极性更高的种稻大户，对机械化技术有需求的概率更高。在此基础上，本书提出以下三个方面的对策启示：首先，农业相关部门和推广人员在新品种技术、病虫草害防治技术、测土配方施肥技术、机械化技术的推广实践中，应该有针对性地对户主为男性的种稻大户进行宣传和推广，此外，对于户主年轻的种稻大户，应着重推广病虫草害防治技术及机械化技术；其次，提高种稻大户的种粮积极性，鼓励他们对测土配方施肥技术、机械化技术的采用；最后，加大土地流转力度，促进规模化经营，鼓励农户采用病虫草害防治技术。

▶ 第五章

种稻大户农业技术采用行为
影响因素研究

上一章从农户农业技术采用行为与需求行为的联系出发，研究种稻大户农业技术即新品种技术、病虫草害防治技术、测土配方施肥技术及机械化技术需求的影响因素，并通过提高其对以上四种农业技术的需求，进而促进它们的采用和推广。为了鼓励种稻大户这一新型农业经营主体采用农业技术和促进农业技术的有效推广应用，我们不仅可以从农户农业技术采用行为与需求行为的联系出发，研究种稻大户农业技术需求的影响因素，通过提高种稻大户的农业技术需求进而促进其采用和推广；还可以直接研究影响种稻大户采用农业技术的主要因素，得出具有一定参考价值的对策启示，提高农业技术采用率，保障我国粮食安全。鉴于此，本章按照农业技术的作用和功能，将其分为增产型技术和环境友好型技术两大类，仍然运用来自江苏省南部种稻大户的微观调查数据，实证研究上述两种农业技术采用行为的影响因素。首先，笔者在将种稻大户家庭特征因素、农业生产特征因素、粮食作物种植情况作为控制变量的条件下，探究粮食补贴政策对种稻大户采用增产型技术的影响，以期为快速促进增产型技术的推广和采用提供理论参考。接着，探究种稻大户资源禀赋对其环境友好型技术采用行为的影响，以期进一步拓展和完善已有研究，创新我国环境友好型农业技术推广工作，促进其推广和应用，保护生态环境，实现农业可持续发展，保障我国粮食安全。

一 粮食补贴政策对种稻大户采用增产型技术的影响

（一）研究假说

种稻大户采用增产型技术的行为受多个因素的综合影响。本书参考、借鉴已有的相关研究成果（姚华锋，2006；李冬梅等，2009；齐振宏等，2009；周末等，2010；李艳芬，2010；周末，2011；高辉灵等，2011；齐振宏等，2012；黄武等，2012；吴连翠、柳同音，2012；李楠楠等，2014；王晓蓉等，2015），同时结合在江苏省南部地区的实地调研情况，将影响种稻大户采用增产型技术的因素划分为4种：粮食补贴政策因素（如粮食补贴金额、粮食补贴政策满意度）、家庭特征因素（如务农人数所占比例、家庭人均月收入、固定资产、人均耕地面积）、农业生产特征因素（如是否种植双季稻、专业化程度）、粮食作物种植情况（如水稻产量、费用支出）。增产型技术能够带来明显的增产效果（何可等，2014）。通过梳理现有相关研究成果（王志刚等，2007；张成玉，2010；张锋、韩会平，2012；周鹤等，2014），并结合本次调研的实际情况，本章所研究的增产型技术是指新品种技术、高产栽培技术、测土配方施肥技术。

第一，粮食补贴政策因素。①粮食补贴金额。稻农获得的国家粮食补贴金额越多，其采用新品种技术的意愿越强烈（朱萌等，2016）。稻农由于获得了国家粮食补贴，其收入有所增加，他们的经济状况得到了一定的改善，采用新品种技术的能力增强。徐同道和吴冲（2008）提出政府补贴情况对农户选择优质小麦新品种具有显著的正向影响。政府对农户进行补贴会刺激他们采用新品种技术（郑金英，2012）。政府的良种补助对高邮市农户采用稻麦新品种有一定的影响作用（何震天，2005）。因此，粮食补贴金额变量对种稻大户采用增产型技术影响的方向在理论上难以确定，尚需实证检验。②粮食补贴政策满意度。种稻大户对国家粮食补贴政策的满意度越高，他们会越信任相关农业管理部门，对于其积极宣传并大力推广的新品种技术，种稻大户采用的积极性越高（朱萌等，2015a）。农户对农业补贴政策越满意，该政策对他们产生的激励作用越大，他们更愿意种粮，因此，采用新品种的概率也越大（周未，2011）。因此预期，粮食补贴政策满意度变量对种稻大户采用增产型技术具有正向影响，即种稻大户对粮食补贴政策越满意，其采用增产型技术的可能性越高。

第二，家庭特征因素。①务农人数所占比例。农户采用新品种的行为受其家庭农业劳动力人口占比的显著影响（蒙秀锋等，2005；王秀东、王永春；2008；庄道元等，2013）。周未等（2010）的研究结果表明，家庭务农人口占比高的农户更加重视农业生产，他们更加倾向于采用超级稻品种技术。因此，务农人数所占比例变量对种稻大户采用增产型技术影响的方向难以确定，尚需实证检验。②家庭人均月收入。关于家庭人均月收入对农户采用增产型技术的影响：有的学者认为，因为从事农业生产带来的效益不高，家庭人均月收入越高，农户越不愿意从事农业生产，所以，他们采用测土配方施肥技术的可能性也就越小（高辉灵等，2011）；也有学者认为，一般而言，农户花生新品种采用行为受其家庭人均收入的显著正向影响（黄武等，2012）；还有学者认为，农户家庭人均月收入这一经济条件是影响其采用水稻新品种的主要因素（Horna et al.，2007）。因此，家庭人均月收入变量对种稻大户采用增产型技术影响的方向难以确定，尚需实证检验。③固定资产。本书中的固定资产是指种稻大户的房屋资产。一般而言，由于稻农学习农业新技术的能力不是很强，他们会在学习和掌握农业新型技术方面进行更多的投资来提高自身学习和掌握新技术的能力，其现有住房固定资产越多，家庭固定资产状况越好，对农业新技术进行投资的能力越强，自身学习并掌握农业新技术能力提高的可能性就越大，所以，采用农业新技术的可能性也越大（朱萌等，2015b）。因此预期，固定资产变量对种稻大户采用增产型技术具有正向影响，即固定资产越多，种稻大户越会采用增产型技术。④人均耕地面积。李艳芬（2010）研究发现，人均耕地面积与葡萄种植户采用新品种技术显著正相关。夏宁和夏锋（2006）认为，在其他条件保持不变的前提下，农户家庭人均耕地面积越小，其越愿意采用高产技术。因此预期，人均耕地面积对种稻大户采用增产型技术影响的方向难以确定，尚需实证检验。

第三，农业生产特征因素。①是否种植双季稻。已有学者研究表明，一般来讲，早稻种植户和中稻种植户不仅受到自然环境如地域禀赋、气候条件等的影响，而且更多受限于社会因素如经济收益、劳动力成本等（齐振宏等，2009）。因此预期，是否种植双季稻这一变量对种稻大户采用增产型技术具有正向影响，即种植双季稻的种稻大户比尚未种植的种稻大户更可能采用增产型技术。②专业化程度。本章用种稻大户家庭农业收入占总收入的实际比重代表专业化程度。一般来讲，农业收入占比越大的农户，其高产型技术采用意愿越强烈（曾铮，2014）。农业收入占家庭总收入比重大的家庭采用测土配方施肥技术后，假如遭受损失，家庭的正常开支很可能受到某种程度的影响，鉴于此，农户不愿意采用该技术（车晓皓，2010）。因此预期，专业化程度变量对种稻大户采用增产型技术影响的方向难以确定，尚需实证检验。

第四，粮食作物种植情况。①水稻产量。蔡书凯和李震（2006）提出的观点是，水稻年产量是农户采用水稻新品种的主要影响因素。李冬梅等（2009）运用四川省水稻主产区 402 户农户的实地调研数据，对影响农户使用水稻新品种的因素进行研究，研究的结果是，农户使用水稻新品种的行为受到水稻产量的正向影响。因此预期，水稻产量变量对种稻大户采用增产型技术影响的方向难以确定，尚需实证检验。②费用支出。关于种植水稻费用支出对农户采用增产型技术的影响，代表性学者杨宜婷（2013）通过实证研究发现，种子费用支出显著正向影响农户采用新品种技术，即种子费用支出的增加会促进农户不断寻求并采用价廉质优高产的水稻新品种技术。因此预期，费用支出变量对种稻大户采用增产型技术具有正向影响。

基于上述分析，提出如图 5 - 1 所示的粮食补贴政策对种稻大户采用增产型技术影响的研究框架。

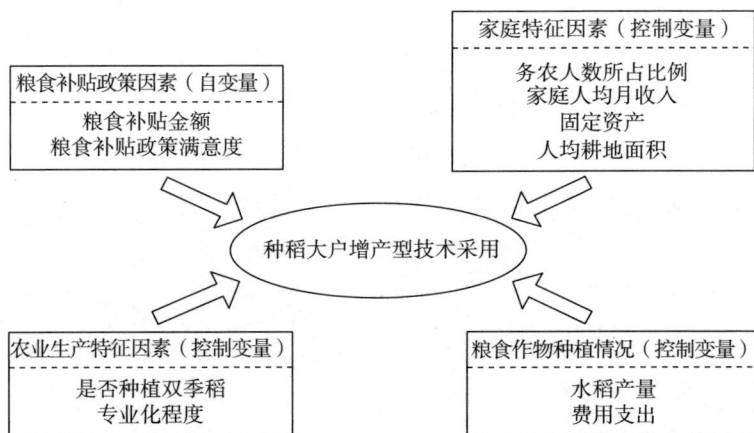

图 5 - 1　粮食补贴政策对种稻大户采用增产型技术影响的研究框架

（二）变量设置与模型选择

1. 数据来源

本章实证研究粮食补贴政策对种稻大户采用增产型技术的影响，所运用的数据来自课题组 2013 年 7 月在江苏省苏州、无锡完成的"国家科技支撑计划水稻产业技术问卷调查"。本次调查以种稻大户户主作为调查对象。在选取调查样本时采用的是随机分层抽样方式，共涉及样本 412 户。在进行问卷调查时课题组每位调查员都采取直接入户的方式对种稻大户进行一对一、面对面的调查，调查内容主要包括种稻大户户主基本信息、种稻大户对农业技术的采用意愿及影响其采用意愿的主要因素。本次调查的主要目的是研究种稻大户这一新型农业经营主体与传统散户相比是否具有新特征以及具有哪些新特征，并厘清其农业技术采用意愿及主要影响因素。调查结束后，通过对调查问卷进行有效性检验，最终选取 395 户种稻大户作为研究的主体。

2. 变量设定

根据前文的研究框架，本书设定了如表 5 - 1 所示的因变量、自变量、控制变量。

因变量的设定。本书中的因变量是种稻大户是否采用增产型技术（新品种技术、高产栽培技术、测土配方施肥技术），若种稻大户对其中一种或几种技术进行采用，则赋值为 1，若任何技术都未采用，则赋值为 0。

自变量的设定。粮食补贴政策因素是本书中的主要自变量，其包括粮食补贴金额、粮食补贴政策满意度。

控制变量的设定。本书将控制变量分为家庭特征因素、农业生产特征因素、粮食作物种植情况因素。其中，家庭特征因素包括务农人数所占比例、家庭人均月收入、固定资产、人均耕地面积；农业生产特征因素包括是否种植双季稻、专业化程度；粮食作物种植情况包括水稻产量、费用支出。

表 5 – 1　各变量的定义与说明

变量类型	变量	变量定义与说明
因变量		
	是否采用增产型技术	否 = 0，是 = 1
自变量		
粮食补贴政策因素	粮食补贴金额（元/亩）	2012 年国家粮食补贴金额
	粮食补贴政策满意度	非常不满意 = 1，比较不满意 = 2，一般 = 3，比较满意 = 4，很满意 = 5
控制变量		
家庭特征因素	务农人数所占比例（%）	2012 年家庭务农人数占人口总数的比例
	家庭人均月收入（万元/人）	2012 年家庭人均月收入
	固定资产（万元）	2012 年拥有的房屋资产
	人均耕地面积（亩/人）	2012 年家庭人均耕地面积
农业生产特征因素	是否种植双季稻	否 = 0，是 = 1
	专业化程度（%）	2012 年家庭农业收入占总收入的比例
粮食作物种植情况	水稻产量（万斤）	2012 年水稻产出量
	费用支出（万元）	2012 年种植水稻支出

3. 模型选择

种稻大户对增产型技术是否采用，为典型的二分类变量，二元 Logistic 回归模型经常被用来分析此类问题，因此，本章选择该模型对此进行分析。种稻大户对增产型技术进行采用的概率用 p 表示，则：

$$p = \frac{e^{f(x)}}{1 + e^{f(x)}} \tag{5 – 1}$$

$$1 - p = \frac{1}{1 + e^{f(x)}} \tag{5 – 2}$$

由此可以得到种稻大户对增产型技术进行采用的机会比率是：

$$\frac{p}{1-p} = e^{f(x)} \tag{5-3}$$

将（5-3）式转化为线性方程式，可以得到：

$$y = \mathrm{Ln}\left(\frac{p}{1-p}\right) = \beta_0 + \beta_1 x_1 + \beta_2 x_2 + \cdots + \beta_i x_i + \mu \tag{5-4}$$

在（5-4）式中，β_0 代表回归截距，$x_1, x_2, \cdots x_i$ 代表影响种稻大户采用增产型技术的因素，$\beta_1, \beta_2, \cdots, \beta_i$ 表示回归系数，μ 表示随机干扰项。

（三）　实证结果与分析

1. 变量描述性统计分析

从表 5-2 变量描述性统计分析结果中可以看出，种稻大户获得的国家粮食补贴金额均值是 140.497 元/亩，标准差是 29.186。在粮食补贴政策满意度方面，其均值为 2.043，说明种稻大户对国家粮食补贴政策比较不满意。从务农人数所占比例来看，其均值为 0.535，标准差为 0.184。家庭人均月收入为 0.494 万元。在固定资产方面，种稻大户 2012 年年末拥有的房屋资产的均值为 28.375 万元，高于传统散户 2012 年房屋资产的均值 10.066 万元（朱萌等，2015b），这反映出种稻大户的房屋资产状况比传统散户好。在人均耕地面积方面，其均值是 44.711 亩，标准差是 48.907。从是否种植双季稻来看，只有 1% 的种稻大户种植了双季稻，这一数据可以反映出种稻大户种植双季稻的积极性并不是很高。在以家庭农业收入占总收入的实际比例表征的专业化程度方面，其均值为 0.700，据此可以推测出种稻大户的专业化程度比较高，以从事农业生产为主，其家庭对农业收入的依赖性比较强。从水稻产量来看，2012 年种稻大户平均水稻产量为 18.937 万斤，标准差为 22.974。此外，在种稻费用支出方面，其 2012 年平均费用支出为 12.199 万元。

表 5 – 2　变量描述性统计分析

变量名称	样本容量	均值	标准差
是否采用	395	0.881	0.324
粮食补贴金额（元/亩）	395	140.497	29.186
粮食补贴政策满意度	395	2.043	1.015
务农人数所占比例（%）	395	0.535	0.184
家庭人均月收入（万元）	395	0.494	0.618
固定资产（万元）	395	28.375	32.940
人均耕地面积（亩）	395	44.711	48.907
是否种植双季稻	395	0.010	0.100
专业化程度（%）	395	0.700	0.295
水稻产量（万斤）	395	18.937	22.974
费用支出（万元）	395	12.199	56.648

2. 粮食补贴政策对种稻大户采用增产型技术的影响分析

在进行二元 Logistic 回归分析之前，运用多重共线性诊断法对自变量间的多重共线性进行检验，以保证回归结果有效。首先将粮食补贴金额作为因变量、其他 9 个变量作为自变量，采用 Enter 法做回归分析；然后，依次选用粮食补贴政策满意度、务农人数所占比例、家庭人均月收入、固定资产、人均耕地面积、是否种植双季稻、专业化程度、水稻产量、费用支出 9 个变量作为因变量重复上述运行过程。运用多重共线性诊断法得到的全部回归结果显示，方差膨胀因子（VIF）都小于 10，可以确定各自变量间不存在多重共线性。运用前文所选择的二元 Logistic 模型检验粮食补贴政策因素对种稻大户采用增产型技术的影响，结果详见表 5 – 3。为了检验模型回归结果的稳健性，本书还运用 Probit 模型、LPM 模型对调研样本数据进行估计，发现无论在显著性还是影响方向方面，三个模型的回归结果基本一致，基于此，可以判断模型回归结果比较稳健。

表 5 - 3　粮食补贴政策对种稻大户采用增产型技术影响的模型估计结果

变量	Logistic（MLE）系数	边际效应	Probit（MLE）系数	LPM（OLS）系数
自变量				
粮食补贴政策因素				
粮食补贴金额	0.0068 *	0.0009	0.0032 *	0.0007 *
粮食补贴政策满意度	0.0108 **	0.0015	0.0044 **	0.0016 **
控制变量				
家庭特征因素				
务农人数所占比例	0.9732 **	0.1345	0.6188 **	0.1434 *
家庭人均月收入	0.5289	0.0731	0.2757 *	0.0637
固定资产	0.0008	0.0001	0.0005	- 0.0001
人均耕地面积	- 0.0110 **	- 0.0015	- 0.0078 **	- 0.0022 ***
农业生产特征因素				
是否种植双季稻	0.3493	0.0442	0.1609	0.0699
专业化程度	0.2006 **	0.0277	0.0836 **	0.0269 **
粮食作物种植情况				
水稻产量	- 0.0260 *	- 0.0036	- 0.0106 *	- 0.0025 *
费用支出	0.0148	0.0020	0.0086	0.0004

注：*、**、***分别表示在 10%、5%、1% 的显著性水平上显著，MLE 表示最大似然法，OLS 表示最小二乘法。

（1）粮食补贴政策因素的影响

模型估计结果显示，粮食补贴金额的回归系数是 0.0068，且通过了 10% 统计水平上的显著性检验，粮食补贴金额对种稻大户采用增产型技术的边际效应达到 0.0009，说明国家粮食补贴金额对种稻大户采用增产型技术具有显著正向影响。可能的原因是，种稻大户在采用增产型技术时通常需要一定的资金投入，国家粮食补贴金额越多，越能够帮助种稻大户减少采用增产型技术的资金投入，越能降低其投入成本，越有利于他们采用增产型技术。在对江苏南部种稻大户进行调查时也发现，他们十分希望政府给予较多的粮食补贴金额。

回归结果显示，粮食补贴政策满意度的估计系数为 0.0108，且通过了 5% 统计水平上的显著性检验，粮食补贴政策满意度对种稻大户采用增产型技术的边际效应达到 0.0015，说明种稻大户粮食补贴政策满意度对其采用增产型技术具有显著正向影响。可能的解释是，种稻大户对粮食补贴政策越满意，说明其越信任政府，越愿意对政府推广的农业技术如增产型技术进行投入（许朗、唐梦琴，2015）。

（2）家庭特征因素的影响

从模型估计结果中可以发现，务农人数所占比例系数的估计值是 0.9732，且通过了 5% 统计水平上的显著性检验，务农人数所占比例对种稻大户采用增产型技术的边际效应达到 0.1345，说明种稻大户家庭务农人数所占比例越高，其越倾向于采用增产型技术。原因可能是，种稻大户家庭务农人数占总人数的比例越高，说明其家庭务农人数越多，家庭收入主要来源于水稻种植等农业生产活动，种稻大户越希望通过采用增产型技术来提高水稻的产量，进而提高家庭收入水平。

模型估计结果显示，家庭人均月收入这一变量的回归系数为 0.5289，且通过了 10% 统计水平上的显著性检验，家庭人均月收入对种稻大户采用增产型技术的边际效应达到 0.0731，说明家庭人均月收入显著正向影响种稻大户采用增产型技术。可能的原因是，种稻大户在采用增产型技术时需要付出一定的代价，家庭人均月收入越高，其支付水平越高，支付能力越强，越有可能采用该项技术。此外，种稻大户家庭人均月收入越高，其经济状况越好，越有能力承担采用增产型技术失败时带来的不良后果。

从回归结果来看，人均耕地面积系数的估计值是 -0.0110，且通过了 5% 统计水平上的显著性检验，人均耕地面积对种稻大户采用增产型技术的边际效应达到 -0.0015，即人均耕地面积每增加 1 亩，种稻大户采用增产型技术的概率减少 0.15 个百分点，说明种稻大户增产型技术采用行为受到人均耕地面积的显著负向影响，即人均耕地面积越小，其采用增产型技术的可能性越大。可能的解释是，种稻大户的人均耕地面积越小，为了增加水稻产量以增加收入，在增加人均耕地面积十分困难的情况下，他们往往会倾向于做出采用增产型技术的选择。

（3）农业生产特征因素的影响

从模型估计结果中可以看出，以家庭农业收入占总收入的实际比例表征的专业化程度变量的回归系数是 0.2006，且通过了 5% 统计水平上的显著性检验，专业化程度对种稻大户采用增产型技术的边际效应达到 0.0277，说明专业化程度这一变量对种稻大户采用增产型技术具有显著正向影响。可能的原因是，种稻大户是具有理性的个体，家庭农业收入占总收入比例高的种稻大户对农业收入的增加会相对敏感，他们为了获取增产型技术采用带来的产出效应，更倾向于采用该技术。此外，一般而言，种稻大户专业化程度越高，其对农业生产越重视，对农业生产的相关投入如农业科技投入也会越多，因此，采用增产型技术的概率越大。

（4）粮食作物种植情况的影响

模型估计结果显示，水稻产量这一变量的估计系数是 -0.0260，且通过了 10% 统计水平上的显著性检验，水稻产量对种稻大户采用增产型技术的边际效应达到 -0.0036，即水稻产量每减少 1 万斤，种稻大户采用增产型技术的概率增加 0.36 个百分点，说明水稻产量显著负向影响种稻大户采用增产型技术。可能的解释是，水稻年产量越低，种稻大户越希望通过采用增产型技术提高水稻年产量，因此，采用该技术的概率越大。

（四）简要结论及政策启示

1. 简要结论

本章利用来自江苏省的调查数据，构建二元 Logistic 模型，在控制家庭特征因素、农业生产特征因素、粮食作物种植情况的条件下，实证研究粮食补贴政策因素对种稻大户采用增产型技术的影响，研究结果显示：在粮食补贴政策因素中，粮食补贴金额、粮食补贴政策满意度均显著正向影响种稻大户采用增产型技术。在家庭特征因素中，务农人数所占比例、家庭人均月收入均显著正向影响种稻大户采用增产型技术，人均耕地面积显著负向影响种稻大户采用增产型技术。在农业生产特征因素中，专业化程度显著正向影响种稻大户采用增产型技术。在粮食作物种植情况中，水稻产量显著负向影响种稻大户采用增产型技术。

2. 对策建议

依据上述研究结论，为了提高增产型技术的采用率，保障我国粮食安全，可以考虑从以下对策建议着手。第一，县、乡（镇）人民政府要做好粮食补贴的基础工作，明确相关单位及部门的职责，确保粮食补贴金额落实到种稻大户手中。此外，政府可以对种植水稻的大户加大粮食补贴力度，并使粮食补贴稳定增长机制得以构建和完善，逐步增强其对粮食补贴政策的满意度。第二，通过大力发展农村教育，实现农村工业化，大力发展乡镇企业；大力促进农村的信息化建设；通过制定合理的价格政策等措施促进种稻大户家庭人均月收入增长。第三，通过加快农业基础设施建设、确保农村金融发展、促进农业保险规模壮大等途径增加种稻大户家庭的农业收入，提高其专业化程度。

二　种稻大户资源禀赋对其环境友好型技术采用行为的影响

（一）概念界定与研究假设

1. 概念界定

农户资源禀赋是指农户家庭成员和整个家庭所拥有的资源及

能力，这些资源和能力有些是天然所有的，有些是后天所获得的，具体包括农户家庭成员的受教育水平、年龄、性格特征、经历、地理位置、社会网络、信息资源、经营规模、经济状况、经济和社会环境等（孔祥智等，2004）。此外，还有学者对农户资源禀赋进行了界定，认为其包括自然资源如种植面积、市场距离，劳动力资源如家庭劳动力个数、家庭劳动力年龄、务农人数比例，人力资本资源如决策者性别、年龄、教育年限、健康状况，人际网络资源如种植同一品种的亲朋好友人数，社会经济资源如有无加入专业合作组织、农业经营收入、种粮收入占比、非农收入占比（李丽莎，2013；杨国强等，2014；刘滨等，2014；邹宝玲、钟文晶，2014）。此外，结合课题组在江苏省苏州市、无锡市的实际调查，笔者将种稻大户资源禀赋界定为人力资本资源（户主受教育程度、户主年龄、户主性别、户主健康状况）、社会经济资源（是否参加农民专业合作社、家庭农业总收入、家庭年收入、非农收入比重）、自然资源（种植面积）、劳动力资源（全家人口数、务农人口数）和信息资源（技术信息获取渠道种类）。

环境友好型技术是现代农业技术的综合，包括有机肥料技术、测土配方施肥技术、机插秧技术、抛秧技术、污染治理技术、信息技术等，其实质是一种农业技术发展理念和农业技术体系，环境友好型技术既能满足当代人在农业生产发展过程中产生的资源与环境需求，又不影响后代的资源与环境需求（车晓皓，2010；邓正华，2013）。此外，结合课题组对江苏省苏州市、无锡市种稻大户的调查，笔者将环境友好型技术分为有机肥技术、测土配方施肥技术、机插秧技术、抛秧技术。

2. 研究假设

（1）人力资本资源影响农户对环境友好型技术的采用

户主受教育程度越高，其越有可能采用环境友好型农业技术（Ervin，1982；Feder et al.，1985）。有机肥这一环境友好型技术的知识含量比较高，农户户主的受教育程度越高，其越能明白这一技术在种植蔬菜中所发挥的积极作用，越倾向于采用这一新技术（李想、穆月英，2013）。与受教育程度较低的农户户主相比，受教育程度较高的户主更加容易参与非农就业，其采用测土配方施肥技术的机会成本相应提高，因此，不愿意采用此种农业新技术（罗小娟等，2013）。罗峦和刘宏（2013）对水稻种植户农业技术采用行为偏好及其影响因素进行实证研究后提出，水稻种植户户主年龄越大，其对环保型农业技术越偏好；而 Thangata 和 Alavalapati（2003）的研究结论是，随着农户户主年龄的增长，其对测土配方施肥技术越不感兴趣。一般而言，与女性户主相比，男性户主的风险接受能力更强，掌握的农作知识也更多，在采用环境友好型等农业新技术方面，他们会更加积极（韩会平，2010），但男性的环保认知程度比较低（邢美华等，2009）。刘战平和匡远配（2012）利用农村实地调查数据对影响农户采用环境友好型农业技术的关键因素进行研究后认为，户主的身体越健康，其采用该技术的概率越大。基于此，提出研究假设 1。

假设 1：人力资本资源影响种稻大户环境友好型技术采用行为。户主受教育程度、年龄、性别的影响方向不明确；户主健康状况的预期影响为正。

（2）社会经济资源影响农户对环境友好型技术的采用

与不参加合作社的农户相比，参加合作社的农户更倾向于采用有机肥这一环境友好型技术（李想、穆月英，2013）。还有学者认为参加农民专业合作社的农户采用环境友好型技术的积极性更高（罗峦、刘宏，2013）。张成玉等（2010）认为，家庭农业总收入显著正向影响农户采用测土配方施肥技术，即随着家庭农业总收入的增加，农户采用此种农业新技术的概率越来越大。关于家庭年收入对农户环境友好型技术采用行为的影响，毕茜等（2014）认为农户的家庭年收入水平越高，其经济状况越好，抗

风险的能力也越强，越可能尝试新环境农业技术并承担此种技术
采用可能带来的风险。农户家庭年收入越高，其尝试具有一定风
险性新事物的概率越大（丰军辉等，2014）。韩会平（2010）研
究农户环境友好型技术采用行为的影响因素后提出的观点是，非
农收入比重与农户环境友好型技术采用行为呈一种负相关关系，
即非农收入比重越高，农户采用环境友好型技术的积极性越低。
基于此，提出研究假设2。

假设2：社会经济资源影响种稻大户环境友好型技术采用行
为。是否参加农民专业合作社、家庭农业总收入、家庭年收入的
预期影响为正，非农收入比重的预期影响为负。

（3）自然资源影响农户对环境友好型技术的采用

关于耕地面积对农户采用环境友好型技术的影响，国内外学
者通过进行大量的实证研究提出了各自的观点。韩洪云和杨增旭
（2011）利用山东省枣庄市薛城区农户的实地调查数据，分析影
响其采用测土配方施肥技术的主要因素，提出的观点是，农户耕
地面积与其完全采用测土配方施肥技术行为显著正相关。褚彩虹
等（2012）认为，农户的耕地规模越大，其采用测土配方施肥这
一环境友好型技术所带来的益处越明显，因此，农户越乐意采用
此种农业新技术。杨泳冰等（2012）提出，农户商品有机肥这一
环境友好型技术采用行为受其耕地规模的显著正向影响。国外代
表性学者的观点是农户耕地面积会影响其农业新技术采用行为
（Dercon and Christiaensen，2011）。基于此，提出研究假设3。

假设3：自然资源影响种稻大户环境友好型技术采用行为，
耕地面积的影响方向不明确。

（4）劳动力资源影响农户对环境友好型技术的采用

有的学者研究发现，在其他条件一定的情况下，农户全家人
口越多，家庭规模越大，越愿意采用农业先进技术（De Souza
Filho et al.，1999）。还有的学者研究发现，在其他条件不变的情

况下，人口数量较多的家庭保证粮食产量的压力比较大，不会轻易采用环境友好型等农业新技术（张云华等，2004；Dong and Saha，1998）。农户全家人口数负向影响其采用环境友好型技术，原因是农户全家人口越多，其家庭消费支出越高，用于农业新技术的支出越少，采用环境友好型技术的概率越小（邓正华，2013）。车晓皓（2010）进行研究后得出，一般情况下，农户家庭务农人数越多，其采用机插秧技术的可能性越小，但是采用测土配方施肥技术的可能性越大。基于此，提出研究假设 4。

假设 4：劳动力资源影响种稻大户环境友好型技术采用行为。全家人口数、务农人口数的影响方向不明确。

（5）信息资源影响农户对环境友好型技术的采用

关于农业技术信息获取渠道种类对农户采用环境友好型技术的影响，学者们进行了大量的研究。代表性学者杨泳冰等（2012）利用江苏南通市 228 户农户的调研数据进行实证研究后得到的结论是，农户技术信息获取渠道种类越多，其越可能使用商品有机肥这一环境友好型技术。基于此，提出研究假设 5。

假设 5：信息资源影响种稻大户环境友好型技术采用行为。技术信息获取渠道种类的预期影响为正。

根据上述研究假设，建立种稻大户资源禀赋对其环境友好型技术采用行为影响的研究假设模型框架，见图 5 – 2。

（二）数据来源及样本描述

1. 数据来源

笔者实证研究种稻大户资源禀赋对其环境友好型技术采用行为影响所用的数据来源于"十二五"国家科技支撑计划课题组于 2013 年 7 月对江苏省苏州市、无锡市种稻大户户主进行的入户面对面深度访谈和问卷调查。为保证本次调查的种稻大户具有一定的代表性，课题组选取种稻大户数量比较多且分布比较集中的苏

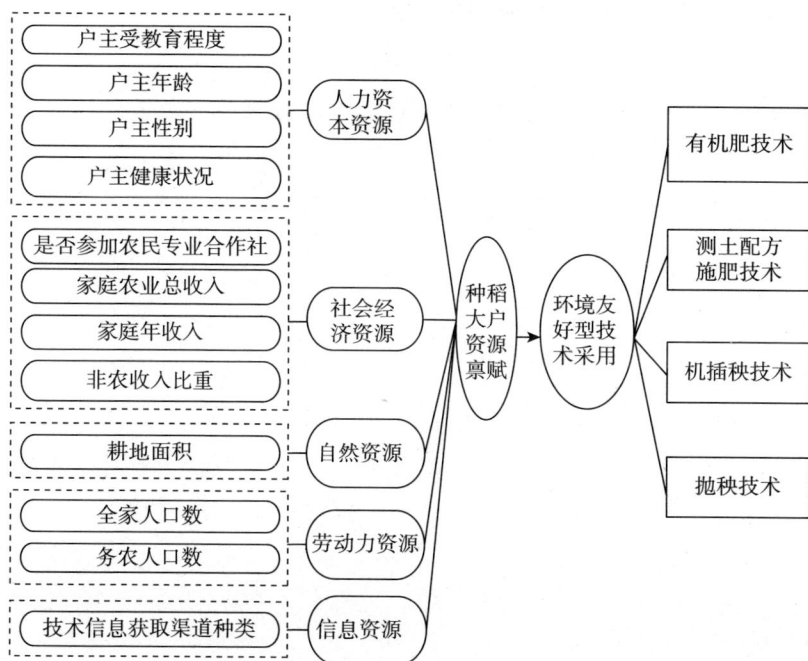

**图 5 - 2　种稻大户资源禀赋对其环境友好型技术采用行为影响的
研究假设模型框架**

州市、无锡市作为调查点。本次调查采用的调查样本选取方式
为：首先在每个调查市中随机抽取 4 ~ 5 个乡镇，然后在每个调
查乡镇中随机抽取 4 ~ 5 个行政村，最后在每个行政村中随机抽
取 5 ~ 6 个种稻大户。本次调研一共获得 412 份种稻大户问卷，经
整理并剔除掉 17 份存在逻辑错误或部分数据严重缺失的调查问
卷后，实际共获得 395 户有效问卷，有效问卷率为 95.87%。

2. 样本基本特征分析

样本种稻大户基本特征如下：从受教育程度来看，77.7% 的
种稻大户户主接受过初中及以上水平的教育，说明种稻大户整体
受教育程度较高。户主平均年龄为 45.362 岁，标准差为 7.847；
79.5% 的户主年龄处于 50 岁及以下，这体现出种稻大户年轻化现
象普遍。在性别方面，女性户主只占 7.6%，反映了种稻大户呈

现男性化趋势。从被调查者的健康状况来看，比较差和非常差的户主占 88.4%，这说明只有少数种稻大户的身体素质比较好。从家庭农业总收入来看，2012 年种稻大户家庭农业总收入的均值是 18.060 万元，标准差是 26.735。从家庭年收入来看，2012 年家庭年收入的均值是 26.748 万元，标准差是 35.228。在非农收入比重方面，2012 年非农收入占家庭总收入比重的均值为 30.0%，标准差为 0.295，这反映了种稻大户主要以农业作为整个家庭的收入来源。在耕地面积方面，种稻大户 2012 年平均耕种农田面积是 185.066 亩，这表明种稻大户向规模化方向发展。所有样本中只有 19.0% 的种稻大户尚未参加农民专业合作社，这反映大部分种稻大户参与农民专业合作社的积极性较高。农业技术信息获取渠道种类的均值为 1.539 种，标准差为 0.837，这意味着种稻大户获取农业技术信息的渠道还不是很广泛。

（三）模型构建及变量说明

1. 模型构建

种稻大户是否采用环境友好型技术是二分类变量，常用 Logit 和 Probit 等离散选择模型分析此类问题（丰军辉等，2014）。Logit 模型虽然得到最早和最广泛的使用，但是存在不能表示暗含成比例的替代形式以及随机口味的变化等局限性（聂冲和贾生华，2005），而 Probit 模型能够避免这些局限，所以在分析基于主体效用最大化原则的选择行为时通常用该模型（何可等，2014）。基于以上原因，本章选择运用二元 Probit 模型研究种稻大户资源禀赋对其环境友好型技术采用行为的影响。

假设种稻大户对环境友好型技术采用与否的选择行为是相互独立的，构建以下模型：

$$Y^* = \beta X + \varepsilon \qquad\qquad (5-5)$$

$$Y = \begin{cases} 1 \ \text{if} \ Y^* > 0 \\ 0 \ \text{if} \ Y^* \leqslant 0 \end{cases} \tag{5-6}$$

（5-5）式中，X 表示随机向量，ε 表示随机扰动项。（5-6）式中，$Y=1$ 代表种稻大户采用环境友好型技术，即采用有机肥技术、测土配方施肥技术、机插秧技术、抛秧技术中的一种或几种技术；$Y=0$ 代表种稻大户尚未采用环境友好型技术，即对以上四种技术都没采用。则种稻大户环境友好型技术采用行为的二元 Probit 模型可以表示为：

$$p = \text{prob}(Y = 1 \mid X = x) = \text{prob}(Y_i^* > 0 \mid x)$$
$$= \text{prob}\{(\varepsilon_i > -x_i\beta) \mid x\} = \Phi(x_i\beta) \tag{5-7}$$

（5-7）式中，Φ 表示标准正态累积分布函数，x 表示影响种稻大户环境友好型技术采用行为的各个因素，β 表示 Probit 模型中的参数。

2. 变量说明及描述性统计分析

本章已将影响种稻大户环境友好型技术采用行为的解释变量确定为包括人力资本资源、社会经济资源、自然资源、劳动力资源和信息资源在内的 5 类变量，这 5 类变量一共包括 12 个具体可测度的变量，各个变量的说明及描述性统计分析结果见表5-4。

表5-4　变量说明及描述性统计分析结果

变量名称	测量及赋值	均值	标准差	预期方向
环境友好型技术采用	"是否采用环境友好型技术？" 否 = 0；是 = 1	0.901	0.299	—
人力资本资源				
户主受教育程度	未读书 = 0；小学 = 6；初中 = 9； 高中及中专 = 12；大专及以上 = 15	9.213	2.712	+/-
户主年龄	户主的实际年龄（岁）	45.362	7.847	+/-
户主性别	女 = 0；男 = 1	0.924	0.265	+/-

续表

变量名称	测量及赋值	均值	标准差	预期方向
户主健康状况	非常差 =1；比较差 =2； 一般 =3；健康 =4；很健康 =5	1.777	0.680	+
社会经济资源				
是否参加农民 专业合作社	"是否参加了农民专业合作社？" 否 =0；是 =1	0.810	0.393	+
家庭农业总收入	2012 年家庭农业总收入（万元）	18.060	26.753	+
家庭年收入	2012 年家庭年收入（万元）	26.748	35.228	+
非农收入比重	2012 年非农收入占家庭 总收入比重（%）	0.300	0.295	−
自然资源				
耕地面积	2012 年耕种农田面积（亩）	185.066	213.831	+／−
劳动力资源				
全家人口数	家庭实际人口数（个）	4.337	1.203	+／−
务农人口数	家庭从事农业生产的劳动力数（个）	2.234	0.842	+／−
信息资源				
技术信息获取 渠道种类	获取农业技术信息的 渠道有几种（种）	1.539	0.837	+

注："+"和"−"分别代表自变量对因变量产生正向和负向影响，"+／−"代表自变量对因变量产生正向或负向影响。

（四）模型估计结果与分析

要保证回归结果有效，则自变量间多重共线性的情况是不能发生的。第一步，确定因变量和自变量分别是户主的受教育程度、其他变量，进行回归分析，此时运用的是 Enter 法；第二步，依次将户主年龄、户主性别、户主健康状况、是否参加农民专业合作社、家庭农业总收入、家庭年收入、非农收入比重、耕地面积等 11 个变量作为因变量重复以上运行过程。综合全部回归结果来看，方差膨胀因子（VIF）都小于 10，说明各自变量之间不存在多重共线性，适宜做回归分析。多重共线性检验通过后，对苏南种稻大户微观数据做 Probit 回归，得到的实证回归结果见表

5－5。LR chi2（12）＝44. 95，Prob＞chi2＝0. 0000，这表明 Probit 模型具有非常显著的有效性。准 R^2 ＝0. 1765，敏感性＝99. 44%，特异性＝7. 69%，正确预测百分比＝90. 38%，说明模型拟合效果较好。为了对模型回归结果的稳健性进行检验，本书建立 Logistic 模型、LPM 模型进行回归，所采用的自变量与因变量都与 Probit 模型相同，从回归结果来看，在显著性和影响方向这两方面，Logistic 模型、LPM 模型与 Probit 模型得到的结果差异不大，鉴于此，最终能够确定回归结果是带有稳健性的结果。

表 5 – 5　实证回归结果

变量	Probit（MLE）		Logistic（MLE）	LPM（OLS）
	系数	边际效应	系数	系数
户主受教育程度	－ 0. 01543	－ 0. 00167	－ 0. 02984	－ 0. 00036
户主年龄	－ 0. 05627 ***	－ 0. 00611	－ 0. 10287 ***	－ 0. 00854 ***
户主性别	0. 13278	0. 01577	0. 19667	－ 0. 01103
户主健康状况	0. 01413	0. 00153	0. 02854	0. 00651
家庭农业总收入	0. 04276 **	0. 00472	0. 08388 **	0. 00172 *
家庭年收入	0. 05367 ***	0. 00582	0. 09798 ***	0. 00275 **
非农收入比重	－ 1. 65630 ***	－ 0. 17973	－ 3. 01602 ***	－ 0. 23392 ***
耕地面积	－ 0. 00072	－ 0. 00008	－ 0. 00120	－ 0. 00018
全家人口数	0. 01711	0. 00186	0. 04709	0. 01689
务农人口数	0. 00055	0. 00006	0. 00050	－ 0. 00977
是否参加农民专业合作社	0. 12619 *	0. 01459	0. 23978 *	0. 00490 *
技术信息获取渠道种类	0. 08567 *	0. 00930	0. 19552 *	0. 00538 *

注：*、**、*** 分别表示自变量在 10%、5%、1% 的水平上显著，MLE 表示最大似然法，OLS 表示最小二乘法。

（1）人力资本资源的影响

回归结果显示，种稻大户户主年龄的回归系数为 － 0. 05627，且通过了 1% 统计水平上的显著性检验，年龄对种稻大户环境友好型技术采用行为的边际效应达到 － 0. 00611，这表明户主年龄较小的种稻大户更倾向于接受环境友好型技术。统计分析结果也显示，在户主年龄为 30 岁以下、30 岁至 40 岁、41 岁至 50 岁、50 岁以上的被调查种稻大户中，采用环境友好型技术的种稻大户所占比例分别是 100%、98.15%、91.04%、76.54%。这是因为，一般而言，年纪大的人从事农业生产的时间比较长，积累的农业生产经验比较丰富，改变自己的行为比较困难，接受农业新型技术可能性比较小；而年纪小的人从事农业生产的时间比较短，积累的农业生产经验比较少，行为改变较容易，接受农业新技术的可能性比较大。

户主受教育程度对种稻大户环境友好型技术采用行为的影响不显著。在苏南的实际调查中发现，种稻大户是既追求经济效益又追求生态效益最大化的理性农民，他们对环境友好型技术重要性的认知没有因为户主受教育程度的不同而产生比较明显的差异，因此，其对该新型农业技术的采用意愿差异不大。户主性别对种稻大户采用环境友好型技术也没有产生显著影响，原因可能是，近年来女性农民工在城镇就业的机会逐渐增多，全家向城镇流动的农民工在农村外流劳动力中所占的比重逐渐增大，性别对留守农民（如种稻大户）环境友好型技术采用行为的影响大幅度降低。此外，种稻大户环境友好型技术采用意愿尚未受到户主健康状况的影响，其原因有待深入研究。

（2）社会经济资源的影响

回归结果显示，种稻大户是否参加农民专业合作社的回归系数为 0.12619，且通过了 10% 统计水平上的显著性检验，种稻大户是否参加农民专业合作社对种稻大户环境友好型技术采用行为的边际效应达到 0.01459，说明参加农民专业合作社的种稻大户比不参加农民专业合作社的种稻大户更能促进环境友好型技术的采用和推广。调查统计结果也印证了这一点，在参加农民专业合作社的种稻大户中，对环境友好型技术有采用意愿的种稻大户所占比例为 89.4%，而在尚未参加农民专业合作社的种稻大户中，这一比例为 86.3%。这是因为种稻大户若为农民专业合作社的成员，其不仅会拥有更为宽广的关系网络和信息资源，而且能享受到农民专业合作社提供的各种服务，如技术服务。

种稻大户家庭农业总收入的回归系数是 0.04276，且通过了 5% 统计水平的显著性验证，种稻大户家庭农业总收入对种稻大户环境友好型技术采用行为的边际效应达到 0.00472，说明家庭农业总收入每增加 1 万元，种稻大户采用环境友好型技术的概率增加 0.472 个百分点，意味着种稻大户的家庭农业总收入越高，其越倾向于采用环境友好型技术。调查统计结果也印证了这一点，家庭农业总收入由 20 万元以下提升到 40 万元以上时，种稻大户中采用环境友好型技术的人所占比例由 87.4% 提高到 97.1%。可能的解释是，种稻大户是有限理性经济人，他们会根据家庭农业总收入的多少来决定是否对农业进行投入以及对农业投入多少，其家庭农业总收入越高，对农业进行投入的概率越大，采用环境友好型技术可能性越大。

种稻大户家庭年收入的估计系数为 0.05367，且通过了 1% 统计水平上的显著性检验，种稻大户家庭年收入对种稻大户环境友好型技术采用行为的边际效应达到 0.00582，说明家庭年收入越高的种稻大户更愿意采用环境友好型技术。调查结果也显示，家庭年收入由 30 万元以下提高到 90 万元以上时，种稻大户中采用环境友好型技术的人所占比例由 87.2% 上升到 100%，上升幅度为 12.8 个百分点。这是因为，种稻大户的家庭年收入越高，他们对制定有利于提高家庭年收入农业政策的农业相关部门越信任，在信任感的驱动下十分愿意采用农业相关部门大力宣传推广的环境友好型等农业新型技术。

种稻大户非农收入比重的回归系数是 −1.65630，且通过了 1% 统计水平上的显著性检验，非农收入比重对其环境友好型技术采用行为的边际效应达到 −0.17973，说明非农收入比重越高的种稻大户越不会积极采用环境友好型技术。调查也表明，当非农收入比重由20%以下上升到60%以上时，种稻大户中采用环境友好型技术的农户所占比例由93.2%下降到75.4%，下降幅度为17.8个百分点。一般来说，种稻大户的非农收入比重越高，他们对非农业的依赖性越高，将大部分时间用于非农业方面，用于了解农业先进技术方面信息的时间非常少，不能深入了解农业先进技术的优点及其应用价值，因此，对农业先进技术如环境友好型技术的采用持一种越消极的态度。

（3）自然资源的影响

回归结果显示，种稻大户耕地面积对其环境友好型技术采用行为不具有显著影响，即影响种稻大户是否采用环境友好型这一新型农业技术的关键因素并不包括其耕地面积的大小。原因可能是，对于种稻大户而言，不管耕地面积有多大，如果其决定采用环境友好型技术，那么他们会对自己经营的所有耕地都采用；如果其决定不采用环境友好型技术，那么他们会对自己经营的所有耕地均不采用，因此，耕地面积大小并不显著影响种稻大户采用此种农业新技术。

（4）劳动力资源的影响

回归结果显示，全家人口数变量对种稻大户采用环境友好型技术的影响不显著。在苏南的实际调查中发现，种稻大户对当前农业生产与生态环境之间的矛盾有一种比较清楚的认识，为了实现农业生产与生态环境的和谐、促进农业的可持续发展、提高其家庭收入，他们迫切希望在农业生产中采用环境友好型技术。不管其全家人口多还是少，家庭生活负担大还是小，他们都会拿出一部分家庭收入对环境友好型技术进行投资。务农人口数变量也没有通过显著性检验，可能的原因是，在江苏省南部的实际调查中发现，环境友好型技术在该地区是一种比较常见的现代农业技术，种稻大户对此种技术的采用意愿没有因为在家务农人口数的不同而表现出比较大的差异。

（5）信息资源的影响

回归结果显示，种稻大户技术信息获取渠道种类的估计系数是 0.08567，且通过了 10% 统计水平上的显著性检验，技术信息获取渠道种类对种稻大户环境友好型技术采用行为的边际效应达到 0.00930，表明技术信息获取渠道种类越多的种稻大户采用环境友好型技术的概率越大。调查统计结果也印证了这一点，在技术信息获取渠道种类为 2 种及以下、3~5 种、6 种及以上的种稻大户中，对环境友好型技术采用的农户所占比例分别是 89.3%、95.8%、100%。种稻大户农业技术信息获取渠道种类越多，其获取农业技术信息的渠道就越广，越有利于他们对农业技术进行多方位的了解，越能消除他们心中存在的关于采用农业技术会带来一定风险的疑惑，越能促进其采用农业技术。

（五）研究结论及对策建议

在对苏南 395 户种稻大户进行实地调查的基础上，本章运用二元 Probit 模型，实证研究种稻大户资源禀赋对其环境友好型技术采用行为的影响。研究结果表明：种稻大户资源禀赋影响其环境友好型技术采用行为。在反映人力资本资源的变量中，户主年龄显著负向影响其环境友好型技术采用行为；在反映社会经济资源的变量中，是否参加农民专业合作社、家庭农业总收入、家庭年收入和非农收入比重对其采用环境友好型技术有显著影响，是否参加农民专业合作社、家庭农业总收入、家庭年收入的影响方向为正向，非农收入比重的影响方向为负向；在反映信息资源的变量中，技术信息获取渠道种类对其环境友好型技术采用行为的影响方向是正向。

根据研究得到的结论，笔者提出四个方面的建议。第一，户主年轻的种稻大户环境友好型技术采用意愿更强，因此，农业相关部门和技术推广人员在进行环境友好型技术的宣传和推广时应将户主年轻的种稻大户作为先行推广目标。第二，促进种稻大户积极参与农民专业合作社。具体途径包括：利用各种形式的宣传，强化种稻大户对农民专业合作社的了解和认识，使其认识到参加农民专业合作社会给自己带来好处；合作社应给已入社的种稻大户提供多元化的、高质量的服务，尽量满足他们的实际需求，提高他们对合作社的满意度，进而利用良好的口碑效应争取更广泛的种稻大户入社；进一步规范农民专业合作社的制度安排，如规范合作社的财务制度，强调社员所有、社员控制、社员受益，吸引更多种稻大户参与合作社。第三，增加种稻大户的家庭农业总收入。通过解决农业基础设施建设投入不足，加快农业基础设施建设；保证农村金融发展；健全农业保险体系，鼓励商业保险公司开发农业保险业务，建立农业再保险机制，壮大农业保险规模；建立并完善农业生产补贴制度等措施，提高种稻大户家庭农业总收入。第四，拓宽和丰富种稻大户农业技术信息获取渠道，如加强农业技术信息传播的基础设施建设；根据调查当地的实际情况，开发符合当地特色且比较实用的技术信息获取渠道；重视基层组织传播渠道建设等。

三　本章小结

本章利用来自江苏省的调查数据，首先构建二元 Logistic 模型，在控制家庭特征因素、农业生产特征因素、粮食作物种植情况的条件下，实证研究粮食补贴政策因素对种稻大户采用增产型技术的影响，接着运用二元 Probit 模型，实证分析种稻大户资源禀赋对其环境友好型技术采用行为的影响。研究结果体现为两方面。一方面，在粮食补贴政策因素中，粮食补贴金额、粮食补贴政策满意度均显著正向影响种稻大户采用增产型技术；在家庭特征因素中，务农人数所占比例、家庭人均月收入均显著正向影响种稻大户采用增产型技术，人均耕地面积显著负向影响种稻大户采用增产型技术；在农业生产特征因素中，专业化程度显著正向影响种稻大户采用增产型技术；在粮食作物种植情况中，水稻产量显著负向影响种稻大户采用增产型技术。另一方面，在反映人力资本资源的变量中，户主年龄显著负向影响其环境友好型技术采用行为；在反映社会经济资源的变量中，是否参加农民专业合作社、家庭农业总收入、家庭年收入和非农收入比重对其采用环境友好型技术有显著影响，是否参加农民专业合作社、家庭农业总收入、家庭年收入的影响方向为正，非农收入比重的影响方向为负；在反映信息资源的变量中，技术信息获取渠道种类对其环境友好型技术采用行为有显著的正向影响。

根据上述研究结论，得到以下对策建议：促进种稻大户家庭人均月收入增长，提高种稻大户的专业化程度等；将户主年轻的种稻大户作为环境友好型技术的先行推广目标，促进种稻大户积极参与农民专业合作社，增加种稻大户的家庭农业总收入，拓宽和丰富种稻大户农业技术信息获取渠道等。

▶ 第六章

传统散户与种稻大户农业技术采用
行为影响因素对比研究

上一章研究了种稻大户农业技术采用行为的影响因素，那么种稻大户与传统散户农业技术采用行为的影响因素是否存在异同？如果存在差异，导致差异出现的原因有哪些？这两种类型稻农农业技术采用行为影响因素的层次性与关联性是怎样的？这些问题也十分值得深入思考和研究。基于此，本章以保护性耕作技术这一环境友好型农业技术为例，将稻农分为传统散户和种稻大户两类，以这两种不同类型稻农作为研究对象，首先运用二元 Probit 回归分析方法，对比研究他们采用保护性耕作技术的影响因素及其异同，并深入分析哪些原因导致这两类稻农采用保护性耕作技术的影响因素存在不同，接着利用 ISM 模型判断这两类稻农保护性耕作技术采用行为影响因素的层次结构与相互关系，以便为促进保护性耕作技术的采用和推广提供实证依据与对策参考。具体而言，这一章的内容一共包括五节：第一节是研究假设，第二节是研究方法，第三节是实证结果与分析，第四节是结论与启示，第五节是本章小结。

一 研究假设

本章总结、借鉴国内外已有的关于影响稻农保护性耕作技术采用行为的因素的研究成果（曹光乔、张宗毅，2008；祝华军、田志宏，2013；蔡键、唐忠，2013；司瑞石、王有强，2014；Payne et al.，2003；Mauceri，2004），并结合"十二五"国家科技支撑计划课题组在湖北、江苏两地的实际调查情况，可以发现不同类型稻农保护性耕作技术采用行为的主要影响因素大致可以分为稻农个人特征（如性别、年龄、受教育程度）、稻农家庭特征（如家庭人口数、家庭农业劳力数、水稻种植面积、家庭人均年收入、现有住房价值）、环境特征（如是否提供机械补贴、是否参加农业技术培训）和要素流动（如土地流转）。

（1）稻农个人特征

已有研究表明，与女性农户相比，男性稻农更愿意响应保护性耕作技术（肖建英等，2012）。关于年龄对稻农保护性耕作技术采用行为的影响，有的学者认为其会显著正向影响（Maddison，2007；Nhemachena and Hassan，2007），也有的学者认为其会显著负向影响（Mauceri，2004），因此，假设年龄显著正向或负向影响稻农保护性耕作技术采用行为。关于受教育程度对稻农保护性耕作技术采用行为的影响，假设受教育程度越高，稻农采用保护性耕作技术的可能性越大（Vignola et al.，2010）。

（2）稻农家庭特征

家庭人口数与稻农保护性耕作技术采用行为之间呈负相关关系（祝华军和田志宏，2013）。稻农采用保护性耕作技术受其家庭农业劳力数显著正向或负向影响（赵连阁和蔡书凯，2012）。水稻种植面积受稻农采用水稻病虫草害综合防治这一保护性耕作技术的重要影响因素，但影响方向不确定（Chaves and Riley，2001）。稻农的家庭人均年收入越低，其采用保护性耕作技术的可能性越小（Batz et al.，1999）。现有住房价值正向影响稻农保护性耕作技术采用（曹光乔和张宗毅，2008）。

（3）环境特征

关于是否提供机械补贴对稻农保护性耕作技术采用行为的影响，假设政府对稻农进行机械补贴能够有效地促进其采用保护性耕作技术（王金霞等，2009）。关于是否参加农业技术培训对稻农保护性耕作技术采用行为的影响，假设参加过农业技术培训的稻农比不参加农业技术培训的稻农更倾向于接受保护性耕作技术（马丽，2010）。

（4）要素流动

土地流转能够推动农业产业化经营，农业产业化经营可以为稻农带来一定的经济收入，在一定程度上会产生示范效果，提高更多稻农采用保护性耕作技术的积极性，此外，农业产业化经营能够为稻农采用保护性耕作技术提供经济保障等，使稻农可以承担采用保护性耕作技术的成本费用，促进稻农采用并持续采用保护性耕作技术（司瑞石和王有强，2014）。

综合以上研究假设，本章提出不同类型稻农保护性耕作技术采用行为影响因素假设模型，如图 6－1。

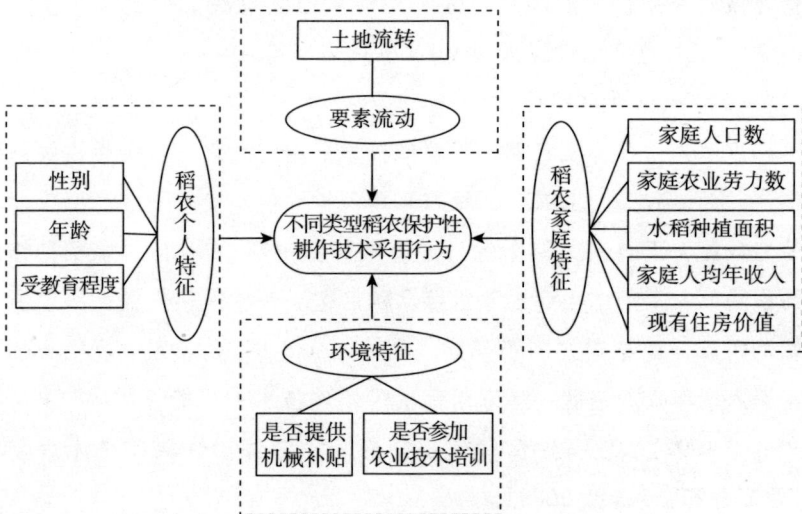

图 6－1　研究假设模型框架

二 研究方法

（一）数据来源

对比研究采用的数据来源于 2013 年 1 月对湖北省荆门市、荆州市、枝江市、仙桃市，2013 年 7 月对江苏省苏州市、无锡市稻农进行的问卷调查。其中，在湖北省的荆门市调查了后港镇；在荆州市调查了东升镇、郢城镇、纪南镇、滩桥镇、沙口镇；在枝江市调查了问安镇、安福寺镇；在仙桃市调查了三伏潭镇。在江苏省的苏州市调查了南丰镇、乐余镇、杨舍镇、锦丰镇、塘桥镇、凤凰镇、大新镇、尚湖镇、古里镇、海虞镇；在无锡市调查了徐霞客镇、新桥镇、周庄镇、长泾镇、祝塘镇、高塍镇、和桥镇。2013 年 1 月和 2013 年 7 月确定调查样本的方式均是分层随机抽样。在进行上述两次实地调查时均由稻农自填问卷或调查员代为填写问卷。第一次调查时，课题组成员向湖北省 4 个市 9 个镇 35 个行政村的 335 户传统散户发放问卷，最后一共回收有效问卷 320 份。第二次调查时，课题组成员向 2 个市 17 个镇 75 个行政村的 412 户种稻大户发放问卷，删除回答有矛盾以及数据不全的问卷，一共得到的有效问卷是 395 份。

（二）变量选择

保护性耕作技术体系中包括秸秆覆盖、免耕、少耕、病虫草害防治、深松、翻耕等多种技术，其关键和核心技术是免耕、少耕、病虫草害防治等少数几种技术（张克诚，2006）。此外，结合"十二五"国家科技支撑计划课题组的实际调查情况，将保护性耕作技术分为三种——免耕、少耕、病虫草害防治，采用其中一种或几种技术赋值为 1，一种都不采用赋值为 0。

依据研究假设模型框架，确定的各类影响因素变量为：稻农
个人特征因素，包括性别、年龄、受教育程度；稻农家庭特征因
素，主要包括现有住房价值等五个具体的变量；环境特征因素，
包括是否提供机械补贴、是否参加农业技术培训；要素流动因
素，主要指土地流转。变量设定与赋值见表 6 – 1。

表 6 – 1　变量设定与赋值

变量类型	变量	变量赋值
因变量	是否采用	0：否，1：是
个人特征	性别	0：女，1：男
	年龄（岁）	实际数值
	受教育程度	0：未读书，6：小学，9：初中，12：高中及中专，15：大专及以上
家庭特征	家庭人口数（人）	实际数值
	家庭农业劳力数（人）	实际数值
	水稻种植面积（公顷）	实际数值
	家庭人均年收入（万元）	实际数值
	现有住房价值（万元）	实际数值
环境特征	是否提供机械补贴	0：否，1：是
	是否参加农业技术培训	0：否，1：是
要素流动	土地流转	0：否，1：是

（三）模型构建

传统散户和种稻大户保护性耕作技术采用行为为二元选择变
量，又由于二元 Probit 模型特别适用于被解释变量为二元选择变
量的情况（罗小锋和秦军，2010），因此，本章运用二元 Probit
模型分别探索这两类稻农采用保护性耕作技术的影响因素。模型
的具体形式为：

$$Y^* = P(Y_i = 1/X) = \Phi(BX_i) \qquad (6-1)$$

式中，Y^* 表示被解释变量即两类稻农保护性耕作技术采用行为；X 代表解释变量向量，即两类稻农采用保护性耕作技术的影响因素，分别是稻农个人特征、稻农家庭特征、环境特征、要素流动；$P(Y_i = 1/X)$ 代表两类稻农在给定 X 的情况下分别采用保护性耕作技术的概率；Φ、B、i 分别表示标准正态分布的累积分布函数、待估参数向量、第 i 个观测样本。

三　实证结果与分析

（一）变量描述性统计分析

在传统散户中，34.1% 的户主为男性；在种稻大户中，92.4% 的户主是男性，这反映出与传统散户相比，种稻大户呈现男性化趋势。在年龄方面，传统散户和种稻大户户主年龄的均值分别是 50.841 和 45.362 岁（见表 6-2）。在受教育程度方面，初中及以上学历的传统散户和种稻大户户主所占的比例分别是 32.2% 和 77.7%，说明大部分传统散户的受教育水平偏低，而种稻大户向知识化方向发展。从受访者的水稻种植面积看，传统散户水稻种植面积的均值是 0.871 公顷，而种稻大户的是 12.338 公顷，这些数据与前者相比，后者规模化趋势明显。在样本稻农中，传统散户、种稻大户家庭人均年收入的均值分别是 1.271 万元和 5.933 万元，可以看出种稻大户的家庭人均年收入高于传统散户，这与种稻大户规模化经营带来的规模效应密不可分。在现有住房价值方面，传统散户现有住房价值的均值是 10.066 万元，低于种稻大户的均值 28.375 万元。在调查的传统散户和种稻大户中，参加农业技术培训的两类稻农分别占 28.4% 和 96.2%，表明大部分传统散户不太重视农业技术的培训和学习，而种稻大户参加农业技术培训和学习的积极性普遍很高。

表 6 - 2　变量描述性统计分析

变量	传统散户		种稻大户	
	均值	标准差	均值	标准差
是否采用	0.197	0.398	0.904	0.295
性别	0.341	0.475	0.924	0.265
年龄（岁）	50.841	7.485	45.362	7.847
受教育程度	5.859	3.394	9.213	2.712
家庭人口数（人）	4.453	1.168	4.337	1.203
家庭农业劳力数（人）	2.050	0.511	2.234	0.842
水稻种植面积（公顷）	0.871	10.168	12.338	213.831
家庭人均年收入（万元）	1.271	0.874	5.933	7.411
现有住房价值（万元）	10.066	6.928	28.375	32.940
是否提供机械补贴	0.169	0.375	0.185	0.389
是否参加农业技术培训	0.284	0.452	0.962	0.191
土地流转	0.356	0.480	0.947	0.356

（二）不同类型稻农保护性耕作技术采用行为影响因素分析

1. 基于二元 Probit 模型的影响因素分析

在进行二元 Probit 模型估计之前，首先检验自变量间是否存在多重共线性的情况，目的是确保模型估计结果有效。运用多重共线性诊断法得到的全部结果显示，多重共线性的情况在各自变量之间并没有出现，判断的依据是 VIF 即方差膨胀因子都比 10 小。基于湖北、江苏的实地调查数据，利用 Stata 12.0 统计软件分别对传统散户和种稻大户保护性耕作技术采用行为的影响因素进行二元 Probit 模型估计，结果见表 6 - 3。

表 6 - 3　不同类型稻农保护性耕作技术采用模型估计结果

变量	传统散户		种稻大户	
	估计系数	边际效应	估计系数	边际效应
性别	0.194 *	0.053	− 0.476	− 0.152
年龄	− 0.004	− 0.001	0.010	0.003
受教育程度	0.053 *	0.014	0.061 **	0.022
家庭人口数	0.195 **	0.052	− 0.056	− 0.020
家庭农业劳力数	− 0.093	− 0.025	0.036	0.013
水稻种植面积	0.012	0.003	0.001 ***	0.040
家庭人均年收入	0.136 *	0.036	0.044 ***	0.016
现有住房价值	0.001 *	0.011	− 0.003	− 0.001
是否提供机械补贴	0.321	0.093	0.116 **	0.042
是否参加农业技术培训	0.167 ***	0.046	0.664 **	0.240
土地流转	0.013	0.003	0.277 *	0.094

注：* 、** 和 *** 分别表示在 10%、5% 和 1% 的显著性水平上显著。

影响传统散户保护性耕作技术采用行为的因素分别是性别、受教育程度、家庭人口数、家庭人均年收入、现有住房价值、是否参加农业技术培训，影响种稻大户保护性耕作技术采用行为的因素分别是受教育程度、水稻种植面积、家庭人均年收入、是否提供机械补贴、是否参加农业技术培训、土地流转。影响这两类稻农保护性耕作技术采用行为的因素同中有异：受教育程度、家庭人均年收入、是否参加农业技术培训是共同的影响因素，性别、家庭人口数、现有住房价值只影响传统散户保护性耕作技术采用行为，水稻种植面积、是否提供机械补贴、土地流转只影响种稻大户保护性耕作技术采用行为。

其一，个人特征中，传统散户户主性别的估计系数是 0.194，且通过了 10% 统计水平上的显著性检验，边际效应达到 0.053，表明男性户主的传统散户更倾向于采用保护性耕作技术。与女性稻农相比，通常男性稻农接受新生事物的能力更强，因此，户主为男性的传统散户采用保护性耕作技术的概率更大。保护性耕作技术是世界上应用范围最广、效果较好的一种先进农业耕作技术，在江苏省的调查中发现，种稻大户对其非常感兴趣并十分愿意尝试，而没有因户主性别的不同导致其采用意愿有所不同。传统散户户主受教育程度的回归系数为 0.053，且通过了 10% 的显著性水平检验，边际效应达到 0.014；种稻大户户主受教育程度的估计系数是 0.061，且通过了 5% 统计水平上的显著性检验，边际效应是 0.022，意味着户主受教育水平越高，两类稻农采用保护性耕作技术的可能性越大。通过教育，两类稻农对保护性耕作技术信息的反应、理解、接受能力能够得到极大提高，其采用保护性耕作技术的可能性增大。

其二，家庭特征中，传统散户家庭人口数的估计系数是 0.195，且通过了 5% 统计水平上的显著性检验，边际效应达到 0.052，即传统散户的家庭人口每增加 1 个，其采用保护性耕作技术的概率增加 5.2 个百分点，说明家庭人口越多，其越愿意采用保护性耕作技术。传统散户尚未进行水稻规模化生产经营，不易形成规模经济效益、增加家庭收入，其家庭人口越多，家庭生活压力越大，越希望采用先进的生产作业方式提高水稻生产经营效益，增加家庭收入，缓解家庭生活压力。种稻大户从事的水稻规模化生产经营会带来一定的规模效益，极大地增强其对保护性耕作技术等农业新技术进行投资的能力，因此，无论其家庭人口多还是少，家庭生活负担大还是小，种稻大户总有能力对保护性耕作技术进行投资。种稻大户水稻种植面积的回归系数为 0.001，且通过了 1% 的显著性水平检验，边际效应达到 0.040，即种稻大户的水稻种植面积每增加 1 亩，其采用保护性耕作技术的概率增加 4 个百分点。这反映出水稻种植面积越大的种稻大户越可能采用保护性耕作技术。在江苏实际调查中发现，种稻大户水稻种植面积越大，其对水稻生产越重视，越担心旱灾、虫灾等自然灾害带来的风险，因此，采用保护性耕作技术的概率越大。在湖北的实际调查中发现，传统散户普遍既打工又务农，他们的家庭收入并不只来源于农业，这使得他们对农业生产经营的依赖性减弱，对水稻生产并不十分重视，对能够提高土壤肥力、抗旱能力等的农业新技术并不十分关注，不能深入了解其优点及应用价值，因此，不管其水稻种植面积多大，他们都不愿意采用农业先进技术。

两类稻农家庭人均年收入的估计系数分别是 0.136 和 0.044，且分别通过了 10% 和 1% 统计水平上的显著性检验，边际效应分别达到 0.036 和 0.016，意味着家庭人均年收入越高，传统散户和种稻大户越倾向于采用保护性耕作技术。在两省的实际调查中发现，两类稻农的家庭人均年收入越高，他们对能够提高家庭人均年收入的农业相关政策如国家粮食补贴政策越满意，对制定农业相关政策的农业管理部门越信任，对他们积极宣传并大力推广的保护性耕作技术等先进农业技术越愿意接受和应用。传统散户现有住房价值的估计系数是 0.001，且通过了 10% 的显著性水平检验，边际效应达到 0.011，即传统散户的现有住房价值每增加 1 万元，其采用保护性耕作技术的概率增加 1.1 个百分点，说明现有住房价值越大的传统散户采用保护性耕作技术的积极性越高。在湖北省，传统散户户主年龄比较大，他们学习并掌握农业新技术的能力比较差，为了克服以上困难，他们会在学习和掌握农业新技术方面进行更多的投资；其现有住房价值越大，家庭资产状况越好，投资能力就越强，提高自身学习并掌握农业技术能力的可能性越大，因此，采用保护性耕作技术的概率越大。

其三，环境特征中，种稻大户机械补贴的回归系数为 0.116，且通过了 5% 统计水平上的显著性检验，边际效应达到 0.042，意味着政府对种稻大户提供机械补贴能促进保护性耕作技术的推广应用。种稻大户采用保护性耕作技术时需要用一些新的机械代替原来使用的机械，其必定要承担一定的置换成本，政府对其进行机械补贴能够减少保护性耕作技术采用带来的置换成本，增加其采用保护性耕作技术的可能性。湖北种稻区不仅稻飞虱、纹枯病、螟虫等虫害严重，而且水稻种植会遭受季节性高温危害以及晚稻花期寒害等，使传统散户水稻种植收入极大减少有时甚至颗粒无收，导致其种稻积极性不是非常高，不愿意对水稻生产进行投资，因此，不管政府是否提供机械补贴，传统散户都不愿意投资于水稻生产技术如保护性耕作技术。两类稻农农业技术培训的估计系数分别是 0.167 和 0.664，且分别通过了 1% 和 5% 的显著性水平检验，边际效应分别达到 0.046 和 0.240，说明参加过农业技术培训的稻农采用保护性耕作技术的概率更大。在两省的实际调查中发现，两类稻农大多认为与一般农业技术相比，保护性耕作技术不易操作和实施，但通过参加农业技术培训，他们能够掌握这一技术的实施要领，减少其使用难度，可以帮助他们在水稻生产经营中更好地实施此技术，增加了他们采用此项技术的可能性。

其四，要素流动中，种稻大户土地流转的估计系数为 0.277，且通过了 10% 统计水平上的显著性检验，边际效应达到 0.094，说明土地流转能够推动种稻大户采用保护性耕作技术。种稻大户从事水稻大规模生产经营，土地流转能够使土地资源被集中在其手中，进一步提高其水稻生产的规模化程度，他们获得的国家粮食补贴金额会越多，自身经济状况会越好，越能促进保护性耕作技术的采用和推广。传统散户从事的是水稻小规模生产经营，土地流转虽然一定程度上能够增加其种植规模，但并不能改变其小规模的生产经营状态，其获得的国家粮食补贴金额不多，自身经济能力不强，不能促进保护性耕作技术的采用和推广，因此，传统散户的保护性耕作技术采用行为并不受到土地流转的影响。

2. 基于解释结构模型的影响因素分析

通过二元 Probit 模型估计，本章明确了两类稻农保护性耕作技术采用行为的影响因素及其异同，但尚未进一步分别深入探讨两类稻农采用保护性耕作技术各影响因素间的层次结构与相互关系。而利用解释结构模型能够找到影响因素之间的层次结构和逻辑关系（余霜等，2014），因此，本章运用这一模型进一步分别挖掘影响两类稻农采用保护性耕作技术的因素之间的层次结构与相互关系。

本章给出如下设定：S_0表示传统散户保护性耕作技术采用行为这一因变量，S_1、S_2、S_3、S_4、S_5、S_6分别表示性别、受教育程度、家庭人口数、家庭人均年收、现有住房价值、是否参加农业技术培训这 6 个自变量。同时，本章采用德尔菲法分析影响这类稻农保护性耕作技术采用行为的 6 个因素，得到图 6 - 2 所示的 $S_0 \sim S_6$ 之间的逻辑关系图。假如行因素受列因素的影响不是间接的而是直接的，用 A 表示，影响不是直接的而是间接的，也用 A 字母表示。假如列因素受行因素的影响不是间接的而是直接的，那么我们用 V 代表，列因素受行因素的间接影响，也用 V 代表。如果直接关系不存在于行因素和列因素之间，那么我们用 0 代表，间接关系不存在于行因素和列因素之间，也用 0 代表。

A	A	A	A	A	A	S_0
0	V	V	V	0	S_1	
0	0	0	0	S_2		
A	0	A	S_3			
A	V	S_4				
A	S_5					
S_6						

图 6 - 2　影响因素间的逻辑关系

通过影响因素之间的逻辑关系，可以根据公式（6 - 2），确定影响因素间的邻接矩阵 R，其公式为：

$$R_{ij} = \begin{cases} 1, R_i \text{ 与 } R_j \text{ 有关} \\ 0, R_i \text{ 与 } R_j \text{ 无关} \end{cases} \quad i = 0,1,2,3,4,5,6; j = 0,1,2,3,4,5,6.$$

$$(6-2)$$

由（6-2）式可知，邻接矩阵 R：

$$R = \begin{matrix} S_0 \\ S_1 \\ S_2 \\ S_3 \\ S_4 \\ S_5 \\ S_6 \end{matrix} \begin{bmatrix} 1 & 1 & 1 & 1 & 1 & 1 & 1 \\ 1 & 1 & 0 & 1 & 1 & 1 & 0 \\ 1 & 0 & 1 & 0 & 0 & 0 & 0 \\ 1 & 1 & 0 & 1 & 1 & 0 & 1 \\ 1 & 1 & 0 & 1 & 1 & 1 & 1 \\ 1 & 1 & 0 & 0 & 1 & 1 & 1 \\ 1 & 0 & 0 & 1 & 1 & 1 & 1 \end{bmatrix}$$

根据邻接矩阵 R，采用布尔运算法则进行矩阵的幂运算，可得对应的 7×7 可达矩阵 M，其公式为：

$$M = (R+I)^{\lambda+1} = (R+I)^{\lambda} \neq (R+I)^{\lambda-1} \neq \cdots \neq \quad (6-3)$$
$$(R+I)^2 \neq (R+I)$$

其中，I 为单位矩阵，$2 \leqslant \lambda \leqslant 5$，经计算得到可达矩阵 M：

$$M = \begin{matrix} S_0 \\ S_1 \\ S_2 \\ S_3 \\ S_4 \\ S_5 \\ S_6 \end{matrix} \begin{bmatrix} 1 & 0 & 0 & 0 & 0 & 0 & 0 \\ 1 & 1 & 0 & 1 & 1 & 1 & 0 \\ 1 & 0 & 1 & 0 & 0 & 0 & 0 \\ 1 & 0 & 0 & 1 & 0 & 0 & 0 \\ 1 & 0 & 0 & 1 & 1 & 1 & 0 \\ 1 & 0 & 0 & 0 & 0 & 1 & 0 \\ 1 & 0 & 0 & 1 & 1 & 1 & 1 \end{bmatrix}$$

依据可达矩阵 M，可以划分传统散户保护性耕作技术采用行为影响因素的层次。本章对可达集和前因集进行如下定义：要素 S_i 的可达集表示可达矩阵 M 中从因素 S_i 出发可以到达的全部因素的集合，用 $P(S_i)$ 表示；要素 S_i 的前因集是由可达矩阵 M 中可

以到达因素 S_i 的全部因素的集合，用 $Q(S_i)$ 表示。因素层次的确定方法如下：

$$L_l = \{S_i \mid P(S_i) \cap Q(S_i) = P(S_i)\}; i = 0,1,2,3,4,5,6 \quad (6-4)$$

第一层因素确定结果见表 6 – 4。

表 6 – 4　第一层因素确定

	$P(S_i)$	$Q(S_i)$	$P(S_i) \cap Q(S_i) = P(S_i)$
S_0	0	0, 1, 2, 3, 4, 5, 6	0
S_1	0, 1, 3, 4, 5	1	1
S_2	0, 2	2	2
S_3	0, 3	1, 3, 4, 6	3
S_4	0, 3, 4, 5	1, 4, 6	4
S_5	0, 5	1, 4, 5, 6	5
S_6	0, 3, 4, 5, 6	6	6

由表 6 – 4 可知，最高层因素 $L_1 = [S_0]$。

删除可达矩阵 M 中 S_0 因素对应的行和列，得到新的可达矩阵 M_1，对矩阵 M_1 按照（6 – 4）式进行重新运算，可以确定第二层因素 $L_2 = [S_2, S_3, S_5]$（见表 6 – 5）。依此类推，有 $L_3 = [S_4]$（见表 6 – 6），$L_4 = [S_1, S_6]$（见表 6 – 7）。

表 6 – 5　第二层因素确定

	$P(S_i)$	$Q(S_i)$	$P(S_i) \cap Q(S_i) = P(S_i)$
S_1	1, 3, 4, 5	1	1
S_2	2	2	2
S_3	3	1, 3, 4, 6	3
S_4	3, 4, 5	1, 4, 6	4
S_5	5	1, 4, 5, 6	5
S_6	3, 4, 5, 6	6	6

表 6 – 6 第三层因素确定

	$P(S_i)$	$Q(S_i)$	$P(S_i) \cap Q(S_i) = P(S_i)$
S_1	1, 4	1	1
S_4	<u>4</u>	1, 4, 6	<u>4</u>
S_6	4, 6	6	6

表 6 – 7 第四层因素确定

	$P(S_i)$	$Q(S_i)$	$P(S_i) \cap Q(S_i) = P(S_i)$
S_1	<u>1</u>	1	<u>1</u>
S_6	<u>6</u>	6	<u>6</u>

按照 L_1、L_2、L_3、L_4 的顺序对可达矩阵 M 进行重新排序，得到新的可达矩阵 N：

$$
N = \begin{array}{c}
S_0 \\ S_2 \\ S_3 \\ S_5 \\ S_4 \\ S_1 \\ S_6
\end{array}
\begin{bmatrix}
\boxed{1} & 0 & 0 & 0 & 0 & 0 & 0 \\
1 & \boxed{1 & 0 & 0} & 0 & 0 & 0 \\
1 & 0 & 1 & 0 & 0 & 0 & 0 \\
1 & 0 & 0 & 1 & 0 & 0 & 0 \\
1 & 0 & 1 & 1 & \boxed{1} & 0 & 0 \\
1 & 0 & 1 & 1 & 1 & \boxed{1 & 0} \\
1 & 0 & 1 & 1 & 1 & 0 & 1
\end{bmatrix}
$$

根据因素间的层次结构以及可达矩阵 N，可以得到图 6 – 3 所示的传统散户保护性耕作技术采用行为影响因素之间的解释结构模型。

运用同样的方法，可以得到图 6 – 4 所示的种稻大户保护性耕作技术采用行为影响因素之间的解释结构模型。

在图 6 – 3 中，家庭人口数、现有住房价值、受教育程度是影响传统散户保护性耕作技术采用行为的表层直接因素，家庭人均年收入是中层间接因素，性别、是否参加农业技术培训是深层根源因素。作为深层根源因素，性别、是否参加农业技术培训直

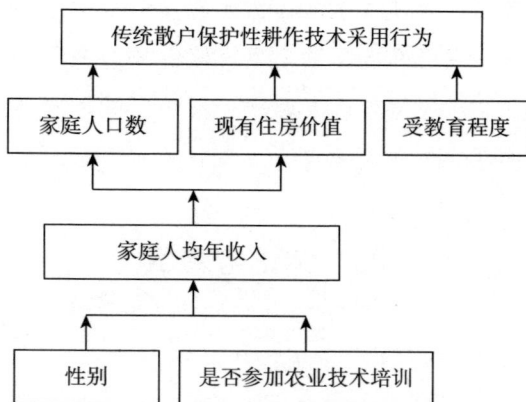

图 6 - 3　传统散户保护性耕作技术采用行为影响因素
解释结构模型

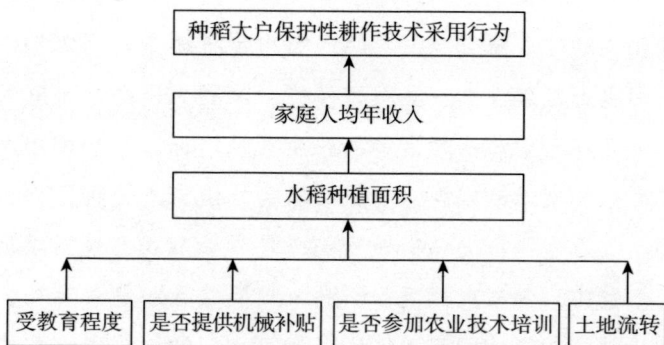

图 6 - 4　种稻大户保护性耕作技术采用行为影响因素
解释结构模型

接影响家庭人均年收入这一中层间接因素，中层间接因素直接影响家庭人口数、现有住房价值、受教育程度这些表层直接因素，最终形成传统散户采用保护性耕作技术的结果。

从图 6 - 4 可见，在种稻大户保护性耕作技术采用行为的影响因素中，表层直接因素是家庭人均年收入，中层间接因素是水稻种植面积，深层根源因素是受教育程度、是否提供机械补贴、是否参加农业技术培训、土地流转。受教育程度、是否提供机械补贴、是否参加农业技术培训、土地流转这些深层根源因素对水稻种植面积这一中层间接因素产生直接影响，中层间接因素对家庭人均年收入这一表层直接因素产生直接影响，表层直接因素对种稻大户保护性耕作技术采用行为产生直接影响。

四　结论与启示

（一）结论

基于湖北省传统散户和江苏省种稻大户的调研数据，首先运用二元 Probit 模型探索了影响这两类稻农采用保护性耕作技术的因素及其异同，其次运用解释结构模型分析了各影响因素之间的层次性和关联性。研究结果表明：影响传统散户采用保护性耕作技术的因素分别是性别、受教育程度、家庭人口数、家庭人均年收入、现有住房价值、是否参加农业技术培训，影响种稻大户采用保护性耕作技术的因素分别是受教育程度、水稻种植面积、家庭人均年收入、是否提供机械补贴、是否参加农业技术培训、土地流转。其中，受教育程度、家庭人均年收入、是否参加农业技术培训是共同的影响因素，性别、家庭人口数、现有住房价值只影响前者保护性耕作技术采用行为，水稻种植面积、是否提供机械补贴、土地流转只影响后者保护性耕作技术采用行为。在影响前者采用保护性耕作技术的因素中，家庭人口数、现有住房价值、受教育程度是表层直接因素，家庭人均年收入是中层间接因素，性别、是否参加农业技术培训是深层根源因素。作为深层根源因素，性别、是否参加农业技术培训直接影响家庭人均年收入这一中层间接因素，中层间接因素直接影响家庭人口数、现有住房价值、受教育程度这些表层直接因素，最终形成传统散户采用保护性耕作技术的结果。在影响后者采用保护性耕作技术的因素中，家庭人均年收入是表层直接因素，水稻种植面积是中层间接因素，受教育程度、是否提供机械补贴、是否参加农业技术培训、土地流转是深层根源因素。受教育程度、是否提供机械补贴、是否参加农业技术培训、土地流转这些深层根源因素对水稻种植面积这一中层间接因素产生直接影响，中层间接因素对家庭人均年收入这一表层直接因素产生直接影响，表层直接因素对种稻大户保护性耕作技术采用行为产生直接影响。

（二）启示

根据以上实证研究结论，得到以下启示。第一，传统散户中男性稻农采用保护性耕作技术的可能性更大，因此，农业技术推广机构和人员在推广保护性耕作技术时应将男性稻农作为先行推广目标，提高保护性耕作技术的采用率。第二，提高两类稻农的受教育程度。中央和地方政府应该加大财政对建设教育基础设施、提高农民教育人员待遇、给予接受教育的农民补贴的支持力度。通过依托县级职教中心、普通中学、农业广播电视学校等措施建立健全农村职业教育培训网络。出台引导和鼓励企业、个人、社会力量关心、资助、参与农民教育的政策，使农民教育投入机制多元化。第三，坚定不移地对种稻大户提供农业机械补贴，增加补贴机具的种类，明确农机补贴标准并适当提高补贴标准，采用多种科学可行的农业机械补贴方法，制定多种形式的农业机械补贴政策并督促各级农机、财政部门严格执行农业机械补贴政策。第四，遵循充分尊重农户公平自愿的原则，在农户愿意流转土地时不得对其进行阻碍，在农户不愿意流转土地时不得对其进行强迫；逐渐完善两个方面的制度，一方面是农村土地流转法律制度，另一方面是土地流转纠纷处理、权利救济机制、农村社会保障制度等与农村土地流转关系很大的其他制度，审慎推进农村土地流转，提高种稻大户采用保护性耕作技术的积极性。第五，根据农户的差异化培训需求提供既有针对性又有适用性的技术培训服务，创新农业技术培训方式，如采用农业科技专家大院、农民田间学校，通过支持现有农技培训人员带薪学习、建立农技培训人员资格准入制度、鼓励农村大学生回到农村就业等措施建立一支高素质的农技培训队伍，促进传统散户和种稻大户积极参与农业技术培训。

五 本章小结

本章基于湖北省传统散户和江苏省种稻大户的调查数据，首先运用二元 Probit 模型，分析两类稻农保护性耕作技术采用行为的影响因素及其异同，然后运用解释结构模型分析各影响因素之间的层次性和关联性。结果表明，影响传统散户采用保护性耕作技术的因素分别是性别、受教育程度、家庭人口数、家庭人均年收入、现有住房价值、是否参加农业技术培训；影响种稻大户采用保护性耕作技术的因素分别是受教育程度、水稻种植面积、家庭人均年收入、是否提供机械补贴、是否参加农业技术培训、土地流转。其中，受教育程度、家庭人均年收入、是否参加农业技术培训是共同的影响因素，性别、家庭人口数、现有住房价值只影响前者保护性耕作技术采用行为，水稻种植面积、是否提供机械补贴、土地流转只影响后者保护性耕作技术采用行为。在影响前者采用保护性耕作技术的因素中，家庭人口数、现有住房价值、受教育程度是表层直接因素，家庭人均年收入是中层间接因素，性别、是否参加农业技术培训是深层根源因素。作为深层根源因素，性别、是否参加农业技术培训直接影响家庭人均年收入这一中层间接因素，中层间接因素直接影响家庭人口数、现有住房价值、受教育程度这些表层直接因素，最终形成传统散户采用保护性耕作技术的结果。在影响后者采用保护性耕作技术的因素中，家庭人均年收入是表层直接因素，水稻种植面积是中层间接因素，受教育程度、是否提供机械补贴、是否参加农业技术培训、土地流转是深层根源因素。受教育程度、是否提供机械补贴、是否参加农业技术培训、土地流转这些深层根源因素对水稻种植面积这一中层间接因素产生直接影响，中层间接因素对家庭人均年收入这一表层直接因素产生直接影响，表层直接因素对种稻大户保护性耕作技术采用行为产生直接影响。在此基础上，笔者提出以下几点建议：农业技术推广机构和人员在推广保护性耕作技术时应将传统散户中的男性稻农作为先行推广目标；提高两类稻农的受教育程度；坚定不移地对种稻大户提供农业机械补贴；审慎推进农村土地流转；促进两类稻农积极参与农业技术培训等。

▶ 第七章
主要研究结论及对策启示

　　本书第一章介绍了研究背景、研究目的和意义，国内外农户农业技术采用行为研究文献综述、研究内容、框架与方法，及本书可能的创新点。第二章对种稻大户这一新型农业经营主体农业技术采用行为研究的相关概念进行了界定，并对理论基础进行了系统的梳理和详细的阐述。第三章对农户采用农业技术的决策动机、农户农业技术采用的一般特征、现阶段农户农业技术采用的特点、农户农业技术采用行为改变的策略、农户农业技术采用行为与需求的关系进行了详细的阐述。第四章从农户农业技术采用行为与需求行为的关系出发，以新品种技术、病虫草害防治技术、测土配方施肥技术、机械化技术为例，对种稻大户农业技术需求的影响因素进行实证研究，通过提高种稻大户对以上四种农业技术的需求，进而提高以上四种农业技术的采用率。第五章实证研究种稻大户农业技术采用行为的影响因素，即研究粮食补贴政策对种稻大户采用增产型技术的影响和种稻大户资源禀赋对其环境友好型技术采用行为的影响。第六章对比研究传统散户与种稻大户保护性耕作技术采用行为的影响因素及其异同，并对导致这两种不同类型稻农该种技术采用行为影响因素出现差异的原因进行深入探究和科学揭示，接着对这两类稻农该种技术采用行为各影响因素之间的层次性与关联性进行判断和确定。第七章是全文的终结，这一章首先系统归纳、总结前面章节的研究，提炼出五点结论，然后在此基础上得到了四点具体的可供参考的对策启示，最后对下一步的研究方向进行展望。具体而言，本章内容分为三节：第一节是研究结论，第二节是对策启示，第三节是研究展望。

一　研究结论

（一）新型农业经营主体

新型农业经营主体的主要类型，其发展的一般现状，所呈现的基本特征，其成长中面临的问题，对农业现代化产生的作用，功能定位，培育的条件、建议都属于新型农业经营主体理论的内容。

新型农业经营主体一般划分为四种类型，第一种类型是专业大户，第二种类型是家庭农场，第三种类型是农民专业合作社，第四种类型是农业产业化龙头企业。它们的发展现状为：专业大户的数量大量增加，其具有一定的规模经营优势和比较高的收入水平，它们快速发展，已成为供给畜禽产品的重要力量；家庭农场具有较强的市场化意识和商品化意识，其以比较高的价格出售农产品，最近一些年来，家庭农场在我国发展得比较快，然而在东部、中西部及东北地区，较大的差异并没有得到一定的消除，也就是，与中西部和东北地区相比，家庭农场在东部发展得较早，同时具有较多的数量，与东部地区相比，家庭农场在中西部地区以及东北地区发展得不是很快；农民专业合作社在我国发展得比较迅速，自从《农民专业合作社法》实施后，其数量出现了大幅的增加，它们成了一种有效的载体，这种载体发挥多种作用，一是组织农户生产农产品，二是进行农产品加工，三是对接龙头企业，四是从事市场营销；第四种类型的新型农业经营主体——农业产业化龙头企业的发现现状是其实力越来越强大，数量越来越多，发展的速度比较快，形成了一种新的发展格局，这种新的发展格局的基础是 9 万多家中小龙头企业，核心是 1253 家国家重点龙头企业，骨干是 9000 多家省级龙头企业。新型农业经营主体的特征包括多个方面，即其呈现男性化、年轻化、知识化、组织化、社会化趋势，实行的是规模化和集约化经营，经营水平比较高，从事的是专业化生产，并以市场化为导向，商品化率高，重视品牌建设，盈利能力较强，资金来源多元化，追求利益最大化等。新型农业经营主体成长中面临的问题比较多，例如国家扶持新型农业经营主体发展的相关款项没有很好地得到落实；针对新型农业经营主体的乱收费现象依然存在；国家相关耕种补贴款存在错配；在市场竞争中新型农业经营主体处于一种弱势地位；农业保险体系存在一定的问题，不利于其逐渐发展和壮大。它主要在三个方面对农业现代化产生作用，一方面是能够实现农业市场化、品牌化、绿色化，另一方面是使得农业"老龄化"进程得到了一定程度的延缓，还有一方面是使得土地生产率、资金生产率、劳动生产率和集约化水平都得到提高。

四种类型的新型农业经营主体的功能定位有所不同。专业大户的功能定位是使我国农产品的供给得到稳定和增加，积极参与土地流转，为传统农户提供一定的技术指导和信息指导，以农村致富能手做好对传统农户的示范。家庭农场的功能定位是提高我国农产品的质量系数及安全系数，丰富我国农产品的供给，完善农业基础设施，使当地尚未就业的劳动力问题得到一定程度的解决，在农村经济领域中既实现现代工商企业管理模式的创新又实现现代工商企业管理模式的移植。农民专业合作社的功能定位是解决小生产与大市场的矛盾，打造区域特色农业，使农村优秀文化得到传承和发扬，改造农村集体经济，推动农民专业合作社社员的生产互助和优势互补。农业产业化龙头企业的功能定位是使农业产业链得到延长，使农业比较收益得到提高；推动我国的农产品参加国际竞争；实现农产品保值增值；对我国农业发展提供管理示范、金融支持；使农业经营主体建立利益联盟；发明先进的农业技术并进行创新和推广。

培育新型农业经营主体的条件主要有内在条件和外在条件。内在条件包括：培育新型农业经营主体的根本是经济利益，内在关键是以农业产业为支撑；新型农业经营主体的中坚力量是专业大户、精英农户或种养能人；重塑农民主体地位要以村社集体经济组织为依托；新型农业经营主体健康发展的内部保证是完善的治理结构。外部条件包括：通过引进技术、培育人才，为新型农业经营主体的培育不断注入新的活力；建立"四位一体"的培育政策支持体系，四位一体是指保险、信贷、税收和金融；塑造比较好的法律环境及制度环境；有效地结合市场机制和政府功能，协同推进其培育。在对其进行培育时，以下五个方面的建议可供参考：进一步使农村土地承包政策得到一定程度的完善，并使土地流转服务得到一定程度的加强；完善支持政策，加大对新型农业经营主体的扶持力度；加快统筹城乡发展步伐，使农业转移人口市民化得到有序推进；深化农村金融改革，加快发展政策性农业保险；加强建设新型农业经营主体人才队伍。

（二）农户农业技术采用的决策动机、特征及与需求的关系

农户采用农业技术的决策动机主要分为两种，农户农业技术采用的一般特征和现阶段农户农业技术采用的特点都包括多个方面，农户农业技术采用行为改变的策略也主要分为两种，农户农业技术采用行为与农户农业技术需求既有区别也有联系。

农户采用农业技术的决策动机主要分为效用最大化和风险最小化两种。农户农业技术采用的一般特征包括多个方面，即农业技术采用的经济有利性、农业技术采用的周期性、农业技术采用的市场诱导性、农业技术采用的风险性以及其采用是学习的过程。目前，农户在采用农业技术时出现的特点也包括多个方面，即农户农业技术采用的多样化、农户农业技术采用的迫切性、农户农业技术采用的自主性增强及农业技术简易化。农户农业技术采用行为改变的策略也分为两种，即面向行为主体的策略和面向行为环境的策略。其中，面向行为主体的策略是指以农户为中心、使农户本身的素质得到一定程度提高的策略；面向行为环境的策略是指这样一种特殊的策略，使物质条件或农业环境发生变化，进而改变农户的农业技术采用行为，这种策略的中心是改变行为环境。农户农业技术采用行为与需求的区别体现为两者的概念是不同的。农户农业技术采用行为可以这么界定：在从事农业生产和农业经营时，农户为了使某种需要（如获得最大化的收益、实现最大化的家庭效用等）得到一定程度的满足，对农业技术进行了解、思考、认可、掌握，并最终将其运用于实际的农业生产经营活动中。农业技术需求是指农户主体愿意购买而且有能力购买的农业技术数量的总和。两者的联系体现在：农户采用农业技术这一行为的发生前提是其农业技术需求，这一需求会引发农户采用农业技术的动机，农户的技术动机引发其技术采用行为；农户只有在有效地需求技术的前提下，才会积极地对农业技术进行采用，其有效推广应用才能最终得以实现。

（三）种稻大户农业技术的需求影响因素

种稻大户呈现多样化的特征，其新品种技术需求、病虫草害防治技术需求、测土配方施肥技术需求及机械化技术需求的影响因素较多。

种稻大户呈现男性化、年轻化、专业化、知识化、规模化的特征。在户主人力资本特征中，种稻大户户主的性别显著正向影响他们对新品种技术、病虫草害防治技术、测土配方施肥技术、机械化技术的需求。种稻大户户主的年龄显著负向影响他们对病虫草害防治技术和机械化技术的需求。种稻大户户主是否兼业显著负向影响他们对机械化技术的需求。种稻大户户主的受教育水平显著正向影响他们对新品种技术、病虫草害防治技术、测土配方施肥技术和机械化技术的需求。在农户种粮意愿因素中，种稻大户的水稻种植规模显著正向影响他们对病虫草害防治技术的需求。种稻大户的种粮积极性显著正向影响他们对测土配方施肥技术、机械化技术的需求。在粮食补贴政策因素中，种稻大户对国家粮食补贴政策的满意程度显著正向影响他们对新品种技术、病虫草害防治技术、测土配方施肥技术的需求。

（四）种稻大户农业技术采用行为的影响因素

粮食补贴政策显著影响种稻大户采用增产型技术，种稻大户资源禀赋对其环境友好型技术采用行为具有显著影响。

粮食补贴政策显著影响种稻大户采用增产型技术，其中，国家粮食补贴金额对种稻大户采用增产型技术具有显著正向影响，即种稻大户获得的国家粮食补贴金额越多，其越有可能采用增产型技术。种稻大户粮食补贴政策满意度对其采用增产型技术具有显著正向影响，即种稻大户对粮食补贴政策越满意，其越愿意采用增产型技术。此外，种稻大户增产型技术采用行为受到家庭特征因素、农业生产特征因素、粮食作物种植情况的影响。其中，种稻大户家庭务农人数所占比例越高，其越倾向于采用增产型技术；家庭人均月收入越高，种稻大户越有可能采用增产型技术；人均耕地面积越小，种稻大户采用增产型技术的可能性越大；种稻大户专业化程度越高，采用增产型技术的概率越大；水稻年产量越低，种稻大户采用增产型技术的概率越大。

种稻大户资源禀赋对其环境友好型技术采用行为具有显著的影响。在反映人力资本资源的变量中，户主年龄较小的种稻大户更倾向于接受环境友好型技术。在反映社会经济资源的变量中，参加农民专业合作社的种稻大户比不参加农民专业合作社的种稻大户更能促进环境友好型技术的采用和推广；种稻大户的家庭农业总收入越高，其越倾向于采用环境友好型技术；家庭年收入越高的种稻大户越愿意采用环境友好型技术；非农收入比重越高的种稻大户越不会积极采用环境友好型技术。在反映信息资源的变量中，技术信息获取渠道种类越多的种稻大户采用环境友好型技术的概率越大。

（五）传统散户与种稻大户农业技术采用行为影响因素的对比

传统散户和种稻大户保护性耕作技术采用行为分别受到众多因素的影响，影响这两种不同类型稻农保护性耕作技术采用行为的因素同中有异，并且传统散户和种稻大户保护性耕作技术采用行为的影响因素分别具有一定的层次结构与相互关系。

影响传统散户采用保护性耕作技术的因素分别是性别、受教育程度、家庭人口数、家庭人均年收入、现有住房价值、是否参加农业技术培训，影响种稻大户采用保护性耕作技术的因素分别是受教育程度、水稻种植面积、家庭人均年收入、是否提供机械补贴、是否参加农业技术培训、土地流转。其中，受教育程度、家庭人均年收入、是否参加农业技术培训是共同的影响因素，性别、家庭人口数、现有住房价值只影响前者保护性耕作技术采用行为，水稻种植面积、是否提供机械补贴、土地流转只影响后者保护性耕作技术采用行为。在影响前者采用保护性耕作技术的因素中，家庭人口数、现有住房价值、受教育程度是表层直接因素，家庭人均年收入是中层间接因素，性别、是否参加农业技术培训是深层根源因素。作为深层根源因素，性别、是否参加农业技术培训直接影响家庭人均年收入这一中层间接因素，中层间接因素直接影响家庭人口数、现有住房价值、受教育程度这些表层直接因素，最终形成传统散户对该种技术进行采用的结果。在种稻大户该种技术采用行为的影响因素中，家庭人均年收入是表层直接因素，水稻种植面积是中层间接因素，受教育程度、是否提供机械补贴、是否参加农业技术培训、土地流转是深层根源因素。受教育程度、是否提供机械补贴、是否参加农业技术培训、土地流转这些深层根源因素对水稻种植面积这一中层间接因素产生直接影响，中层间接因素对家庭人均年收入这一表层直接因素产生直接影响，表层直接因素对种稻大户保护性耕作技术采用行为产生直接影响。

二　对策启示

（一）关于种稻大户的农业技术需求

第一，农业相关部门和推广人员在新品种技术、病虫草害防治技术、测土配方施肥技术、机械化技术的推广实践中，应该有针对性地对户主为男性的种稻大户进行宣传和推广。此外，对于户主年轻的种稻大户，应着重推广病虫草害防治技术及机械化技术。第二，提高种稻大户的种粮积极性。一方面，加大对国家粮食补贴政策的宣传，及时、准确、足额发放有关补贴；另一方面，不断地对种稻大户所在地的粮食补贴政策进行完善，以激励种稻大户多种粮和种好粮，促进他们对测土配方施肥技术、机械化技术的采用。第三，加大土地流转力度，促进规模化经营。引导和鼓励农民采取转包、租赁、互换、转让、入股等多种形式开展土地流转，把分散化、细碎化的小规模土地集中到种稻大户手中，发展适度规模经营。此外，给予土地流转达到一定规模的种稻大户资金补贴以及税收、保险等方面的扶持，促进他们采用病虫草害防治技术。

（二）关于粮食补贴政策对种稻大户采用增户型技术的影响

第一，县、乡（镇）人民政府要做粮食补贴的基础工作，明确相关单位及部门的职责，确保粮食补贴金额落实到种稻大户手中，增强他们对粮补政策的满意度。第二，通过大力发展农村教育实现农村工业化，大力发展乡镇企业；大力促进农村的信息化建设；制定合理的价格政策等措施促进种稻大户家庭人均月收入增长。第三，通过加快农业基础设施建设、确保农村金融发展、促进农业保险规模壮大等途径增加种稻大户家庭的农业收入，提高其专业化程度。

（三）关于种稻大户资源禀赋对其环境友好型技术采用行为的影响

第一，户主年轻的种稻大户环境友好型技术采用意愿更强，因此，农业相关部门和技术推广人员在进行环境友好型技术的宣传和推广时，应将户主年轻的种稻大户作为先行推广目标。第二，促进种稻大户积极参与农民专业合作社。具体途径包括：利用各种形式的宣传，强化种稻大户对农民专业合作社的了解和认识，使其认识到参加农民专业合作社会给自己带来好处；合作社应给已入社的种稻大户提供多元化的、高质量的服务，尽量满足他们的实际需求，提高他们对合作社的满意度，进而利用良好的口碑效应争取更广泛的种稻大户入社；进一步规范农民专业合作社的制度安排，如规范合作社的财务制度，强调社员所有、社员控制、社员受益，吸引更多种稻大户参与合作社。第三，增加种稻大户的家庭农业总收入。通过解决农业基础设施建设投入不足加快农业基础设施建设；加大政府对农村信贷的支持力度，加快农村金融体制的改革步伐，确保农村金融发展；健全农业保险体系，鼓励商业保险公司开发农业保险业务，建立农业再保险机制，壮大农业保险规模；建立并完善农业生产补贴制度等措施提高种稻大户家庭农业总收入。第四，拓宽和丰富种稻大户农业技术信息获取渠道，如加强农业技术信息传播的基础设施建设；根据调查当地的实际情况，开发符合当地特色且比较实用的技术信息获取渠道；重视基层组织传播渠道建设等。

（四）关于传统散户与种稻大户农业技术采用行为影响因素的对比

第一，传统散户中男性稻农采用保护性耕作技术的可能性更大，因此，农业技术推广机构和人员在推广保护性耕作技术时应将男性稻农作为先行推广目标，提高保护性耕作技术的采用率。第二，提高两类稻农的受教育程度。中央和地方政府应该加大财政对建设教育基础设施、提高农民教育人员待遇、给予接受教育的农民补贴的支持力度。通过依托县级职教中心、普通中学、农业广播电视学校等建立健全农村职业教育培训网络。出台引导和鼓励企业、个人、社会力量关心、资助、参与农民教育的政策，形成农民教育投入机制多元化。第三，坚定不移地对种稻大户提供农业机械补贴，增加补贴机具的种类，明确农机补贴标准并适当提高补贴标准，采用多种科学可行的农业机械补贴方法，制定多种形式的农业机械补贴政策并督促各级农机、财政部门严格执行农业机械补贴政策。第四，遵循充分尊重农户公平自愿的原则，任何组织不得用行政手段阻碍或强迫农民流转土地，健全农村土地流转法律制度，完善与农村土地流转密切相关的其他配套制度如农村社会保障制度、流出土地农民的再就业培训制度、土地流转的纠纷处理和权利救济机制等，审慎推进农村土地流转，提高种稻大户采用保护性耕作技术的积极性。第五，根据农户的差异化培训需求提供既有针对性又有适用性的技术培训服务，创新农业技术培训方式如采用农业科技专家大院、农民田间学校，通过支持现有农技培训人员带薪学习、建立农技培训人员资格准入制度、鼓励农村大学生回到农村就业等措施建立一支高素质的农技培训队伍，促进传统散户和种稻大户积极参与农业技术培训。

三 研究展望

本书对种稻大户这一新型农业经营主体农业技术采用行为进行研究，得到了一些比较有价值的研究结论，并在此基础上提出了一些可供参考的对策启示。笔者虽然尽自己最大的努力将这一研究做得细致、深入，但是此项研究仍然存在一些不足之处，具有比较大的提升空间。针对本书的不足，在今后的研究中可以从以下四个方面进行突破。

其一，在种稻大户这一新型农业经营主体农业技术采用行为研究的实证章节部分，主要是基于江苏省南部的微观调研数据进行研究，尚未使用统计年鉴数据，在今后的研究中，可以尝试运用统计年鉴数据，从宏观角度进行研究和探索。

其二，本书虽然实证研究了粮食补贴政策对种稻大户采用增产型技术的影响、种稻大户资源禀赋对其环境友好型技术采用行为的影响以及对比研究了传统散户和种稻大户保护性耕作技术采用行为的影响因素，且上述研究在一定程度上有利于促进种稻大户这一新型农业经营主体采用增产型技术和环境友好型技术，但是本书尚未对种稻大户采用增产型技术带来的经济效果和采用环境友好型技术带来的生态环境效果进行研究，因此，研究不够深入。在今后可以尝试研究种稻大户增产型技术采用行为对粮食产量的影响以及种稻大户环境友好型技术采用行为对生态环境的影响。

其三，在本书第六章中，如果对比研究江苏种稻大户与湖北传统散户农业技术采用行为的影响因素，那么就需要证明湖北的传统散户和江苏的传统散户具有同质性或者证明江苏的种稻大户和湖北的种稻大户存在同质性，但是由于笔者考虑问题不够全面，尚未对江苏的传统散户或湖北的种稻大户进行调查，因此同质性现在暂时无法通过调查数据证明。笔者在今后将会对江苏的传统散户或湖北的种稻大户进行调查，获得研究所需的数据，对这一研究进行完善。

其四，由于笔者的时间、精力都比较有限，因此只对江苏省南部一小部分（395户）种稻大户进行了问卷调查，并基于这一小部分样本数据实证研究其农业技术采用行为，即本书进行种稻大户农业技术采用行为研究时运用的样本量不够大。在今后可以适当扩大样本量，利用大样本数据，对种稻大户的农业技术采用行为进行研究。

▶ 参考文献

毕茜、陈赞迪、彭珏，2014，《农户亲环境农业技术选择行为的影响因素分析——基于重庆 336 户农户的统计分析》，《西南大学学报》（社会科学版）第 6 期。

蔡键、唐忠，2013，《要素流动、农户资源禀赋与农业技术采纳——文献回顾与理论解释》，《江西财经大学学报》第 4 期。

蔡书凯、李震，2006，《风险规避、信息臻别与水稻品种的采用》，《技术经济》第 12 期。

曹光乔、张宗毅，2008，《农户采纳保护性耕作技术影响因素研究》，《农业经济问题》第 8 期。

车晓皓，2010，《太湖流域农户环境友好型新技术采用行为研究》，南京农业大学硕士论文。

陈利顶、马岩，2007，《农户经营行为及其对生态环境的影响》，《生态环境》第 2 期。

陈晓华，2014，《大力培育新型农业经营主体——在中国农业经济学会年会上的致辞》，《农业经济问题》第 1 期。

褚彩虹、冯淑怡、张蔚文，2012，《农户采用环境友好型农业技术行为的实证分析——以有机肥与测土配方施肥技术为例》，《中国农村经济》第 3 期。

邓正华，2013，《环境友好型农业技术扩散中农户行为研究》，华中农业大学博士论文。

邓正华、张俊飚、杨新荣、韦佳培，2012，《影响菇农采用良种与栽培技术因素的实证分析》，《中国农业大学学报》第 2 期。

丰军辉、何可、张俊飚，2014，《家庭禀赋约束下农户作物秸秆能源化需求实证分析——湖北省的经验数据》，《资源科学》第 3 期。

高贵现，2015，《埃塞俄比亚农户采纳中国农业技术的影响因素分析——基于奥罗莫州津奇地区的条播技术的推广》，《世界农业》第 6 期。

高辉灵、梁昭坚、陈秀兰、徐学荣，2011，《测土配方施肥技术采纳意愿的影响因素分析——基于对福建省农户的问卷调查》，《福建农林大学学报》（哲学社会科学版）第 1 期。

高辉灵、梁昭坚、陈秀兰、徐学荣，2011，《测土配方施肥技术采纳意愿的影响因素分析——基于对福建省农户的问卷调查》，《福建农林大学学报》（哲学社会科学版）第 1 期。

高雪萍，2013，《水稻种植大户应用低碳农业技术的行为研究》，《科技管理研究》第 14 期。

葛继红、周曙东、朱红根、殷广德，2010，《农户采用环境友好型农业技术行为研究——以配方施肥技术为例》，《农业技术经济》第 9 期。

管红良，2005，《农业可持续发展中农业技术扩散模式的研究——基于江苏省农业科技园区和科技示范场的实证分析》，扬州大学硕士学位论文。

郭航、李文忠，2014，《农户对农业新技术的采纳意愿研究——以天津市为例》，《河北农业大学学报》（农林教育版）第 6 期。

韩洪云、杨增旭，2011，《农户测土配方施肥技术采纳行为研究——基于山东省枣庄市薛城区农户调研数据》，《中国农业科学》第 23 期。

韩会平，2010，《农户采用测土配方施肥技术的影响因素分析》，南京农业大学硕士论文。

何可、张俊飚、丰军辉，2014，《农业废弃物基质化管理创新的扩散困境——基于自我雇佣型女性农民视角的实证分析》，《华中农业大学学报》（社会科学版）第 4 期。

何延治，2009，《吉林省农民收入与农业技术进步计量经济模型及分析》，《安徽农业科学》第 12 期。

何震天，2005，《高邮农民采用稻麦新品种影响因素分析》，中国农业大学硕士论文。

黄武、韩喜秋、朱国美，2012，《花生种植户新品种采用的影响因素分析——以安徽省滁州市为例》，《农业技术经济》第 12 期。

黄祖辉、俞宁，2010，《新型农业经营主体：现状、约束与发展思路——以浙江省为例的分析》，《中国农村经济》第 10 期。

江维国，2014，《我国新型农业经营主体的功能定位及战略思考》，《税务与经济》第 4 期。

姜明房、吴炜炜、董明辉，2009，《农户采用水稻新技术的影响因素研究——以江苏兴化、高邮两市的调查为案例》，《中国稻米》第 2 期。

焦源，2014，《需求导向型农技推广机制研究——基于农户分化视角》，中国海洋大学博士论文。

孔祥智，2014，《新型农业经营主体的地位和顶层设计》，《改革》第 5 期。

孔祥智、方松海、庞晓鹏、马九杰，2004，《西部地区农户禀赋对农业技术采纳的影响分析》，《经济研究》第 12 期。

李波、张俊飚、张亚杰，2010，《贫困农户农业科技需求意愿及影响因素实证研究》，《中国科技论坛》第 5 期。

李冬梅、刘智、唐殊、汪雪梅，2009，《农户选择水稻新品种的意愿及影响因素分析——基于四川省水稻主产区 402 户农户的调查》,《农业经济问题》第 11 期。

李欢欢、马力、林群、张辉玲、黄修杰,2014,《广东省江门地区农户新技术采用行为影响因素分析——以水稻"三控"施肥技术采用为例》,《南方农业学报》第 1 期。

李建军、刘平,2010,《农村专业合作组织发展》,中国农业大学出版社。

李俊利,2011,《我国资源节约型农业技术扩散问题研究》,华中农业大学博士学位论文。

李丽莎,2013,《资源禀赋对农户销售方式的影响研究——基于云南鲜花主产区的实证研究》,《生态经济》(学术版)第 2 期。

李明水、王素琴,2013,《南京现代农业新型经营主体培育对策》,《江苏农村经济》第 2 期。

李楠楠、李同昇、于正松、芮旸、苗园园、李永胜,2014,《基于 Logistic-ISM 模型的农户采用新技术影响因素 – 以甘肃省定西市马铃薯种植技术为例》,《地理科学进展》第 4 期。

李奇峰、张海林、刘武仁、边少锋、陈阜,2008,《粮食主产区农户采用农业新技术及其影响因素的实证分析——以吉林省榆树县为例》,《中国农业科学》第 7 期。

李伟,2012,《种稻大户高产优质技术需求意愿影响因素实证研究——以江西省为例》,江西农业大学硕士论文。

李想,2014,《粮食主产区农户技术采用及其效应研究——以安徽省水稻可持续生产技术为例》,中国农业大学博士论文。

李想、穆月英,2013,《农户可持续生产技术采用的关联效应及影响因素——基于辽宁设施蔬菜种植户的实证分析》,《南京农业大学学报》(社会科学版)第 4 期。

李小建,2009,《农户地理论》,科技出版社。

李艳芬,2010,《葡萄种植户技术选择意向研究——基于安徽省淮北市 23 个村的调查分析》，西南大学硕士论文。

李艳芬、白林，2015，《葡萄种植户技术选择的影响因素分析》，《山东农业工程学院学报》第 1 期。

廖西元、陈庆根、王磊、胡慧英、方福平、章秀福、黄世文、朱智伟，2004，《农民对科技需求的优先序研究——水稻生产科技需求实证分析》，载田桂山主编《中国青年农业科学学术年报》，北京：中国农业科学技术出版社。

林毅夫，1991，《家庭责任制改革和中国杂交水稻的采用》，《发展经济学杂志》第 7 期。

刘毕贵，2015，《不同规模稻农农业技术需求影响因素分析——基于苏南的调查数据》，华中农业大学硕士论文。

刘滨、康小兰、殷秋霞、黄敏，2014，《农业补贴政策对不同资源禀赋农户种粮决策行为影响机理研究——以江西省为例》，《农林经济管理学报》第 4 期。

刘丹、周波，2014，《种稻大户新农药采纳行为影响因素实证研究——基于江西省调研样本》，《新疆农垦经济》第 8 期。

刘道贵，2005，《实施棉花 IPM 项目对池州市贵池区棉花生产及棉农行为的影响》，《现代农业科技》第 1 期。

刘斐、刘猛、赵宇、李顺国、王慧军，2015，《半干旱区谷农采用化控间苗技术影响因素实证研究——以山西省长治市为例》，《科技管理研究》第 14 期。

刘进宝、刘洪，2004，《农业技术进步与农民农业收入增长弱相关性分析》，《中国农村经济》第 9 期。

刘倩倩，2014，《新型农业经营主体的内涵、特征、发展现状、问题以及建议》，《经济研究导刊》第 25 期。

刘战平、匡远配，2012，《农民采用"两型农业"技术意愿的影响因素分析——以"两型社会"实验区为例》，《农业技术经济》第 6 期。

龙冬平、李同昇、于正松，2014，《农业技术扩散中的农户采用行为研究：国外进展与国内趋势》，《地域研究与开发》第 5 期。

陆文聪、余安，2011，《江省农户采用节水灌溉技术意愿及其影响因素》，《中国科技论坛》第 11 期。

罗峦、刘宏，2013，《农户技术采纳行为偏好及影响因素研究——以水稻种植户为例》，《广东农业科学》第 18 期。

罗小锋、秦军，2010，《农户对新品种和无公害生产技术的采用及其影响因素比较》，《统计研究》第 8 期。

罗小娟、冯淑怡、石晓平、曲福田，2013，《太湖流域农户环境友好型技术采纳行为及其环境和经济效应评价——以测土配方施肥技术为例》，《自然资源学报》第 11 期。

马丽，2010，《农户采用保护性耕作技术的行为选择及效果评价——基于辽宁省阜新市农户的调查》，沈阳农业大学硕士论文。

满明俊，2010，《西北传统农区农户的技术采用行为研究》，西北大学博士论文。

满明俊、李同昇，2010，《农户采用新技术的行为差异、决策依据、获取途径分析——基于陕西、甘肃、宁夏的调查》，《科技进步与对策》第 15 期。

满明俊、周民良、李同昇，2010a，《农户采用不同属性技术行为的差异分析——基于陕西、甘肃、宁夏的调查》，《中国农村经济》第 2 期。

蒙秀锋、饶静、叶敬忠，2005，《农户选择农作物新品种的决策因素研究》，《农业技术经济》第 1 期。

孟磊，2012，《五常市农户采用水稻节水灌溉技术的影响因素研究》，东北农业大学硕士论文。

孟丽、钟永玲、李楠，2015，《我国新型农业经营主体功能定位及结构演变研究》，《农业现代化研究》第 1 期。

聂冲、贾生华，2005，《离散选择模型的基本原理及其发展演进评介》，《数量经济技术经济研究》第 11 期。

农业部，2003，2012，2013，《中国农业年鉴（2002，2011，2012)》，中国农业出版社。

农业部新闻办公室，2011，《进一步发挥好龙头企业的带农惠农作用——农业产业化龙头企业负责人座谈会侧记》，http://www. agri. gov. cn/V20/ZX/nyyw/201108/t20110830_2195296. htm。

农业部新闻办公室，2013，《我国首次家庭农场统计调查结果显示：全国家庭农场达 87.7 万个平均经营规模超过 200 亩》，http://www. moa. gov. cn/zwllm/zwdt/201306/t20130604_3483252. htm。

彭新宇，2007，《畜禽养殖污染防治的沼气技术采纳行为及绿色补贴政策研究：以养猪专业户为例》，中国农业科学院博士论文。

齐振宏、梁凡丽、周慧、冯良宣，2012，《农户水稻新品种选择影响因素的实证分析——基于湖北省的调查数据》，《中国农业大学学报》第 2 期。

齐振宏、王培成、喻宏伟、王瑞懂，2009，《稻农选择新技术意愿影响因素的实证研究》，《中国科技论坛》第 9 期。

钱鼎炜，2012，《茶叶新品种技术扩散对不同农户收入的影响——以福建省茶产区农户为例》，《农业技术经济》第 3 期。

司瑞石、王有强，2014，《推动农村土地流转促进低碳农业的发展——以保护性耕作技术为例》，《农机化研究》第 1 期。

宋军、胡瑞法、黄季焜，1998，《农民的农业技术选择行为分析》，《农业技术经济》第 6 期。

苏毅清、王志刚，2014，《农户施用测土配方肥及效果满意度的影响因素——基于山东省平原县的问卷调查数据》，《湖南农业大学学报》（社会科学版）第 6 期。

孙联辉，2003，《中国农业技术推广运行机制研究》，西北农林科技大学博士论文。

孙世民、张媛媛、张健如，2012，《基于 Logit-ISM 模型的养猪场（户）良好质量安全行为实施意愿影响因素的实证分析》，《中国农村经济》第 10 期。

孙中华，2012，《大力培育新型农业经营主体夯实建设现代农业的微观基础》，《农村经营管理》第 1 期。

谭明方，2002，《解决"三农"问题应以什么作为"突破口"》，《农业经济问题》第 12 期。

涂振东，2007，《农户采用新技术的影响因素及采纳行为研究——新疆天山北坡经济带农户对玉米制种技术的学习过程分析》，中国农业大学硕士论文。

汪发元，2014，《中外新型农业经营主体发展现状比较及政策建议》，《农业经济问题》第 10 期。

汪发元，2015，《新型农业经营主体成长面临的问题与化解对策》，《经济纵横》第 2 期。

汪建、庄天慧，2015，《贫困地区社会资本对农户新技术采纳意愿的影响分析——基于四川 16 村 301 户农户的调查》，《农村经济》第 4 期。

汪三贵、刘晓展，1996，《信息不完备条件下贫困农民接受新技术行为分析》，《农业经济问题》第 12 期。

王爱民，2015，《农户采纳劳动节约型技术的影响因素分析——基于江苏省 354 家水稻种植户的调查数据》，《湖南农业大学学报》（社会科学版）第 3 期。

王丹、马瑛、杨国静、马芳、张志祺、王保力、张芳、马鑫，2015，《新疆昌吉州棉农采用测土配方施肥技术意愿的影响因素》，《贵州农业科学》第 9 期。

王格玲、陆迁，2015，《社会网络影响农户技术采用倒 U 型关系的检验——以甘肃省民勤县节水灌溉技术采用为例》，《农业技术经济》第 10 期。

王国敏、翟坤周，2014，《确权赋能、结构优化与新型农业经营主体培育》，《改革》第 7 期。

王海霞，2009，《江苏省种粮农户农业技术需求的影响因素研究》，南京农业大学硕士论文。

王宏杰，2011，《菇农采纳农业技术的影响因素分析——基于对我国食用菌主产省 292 位菇农的调查》，《华中农业大学学报》（社会科学版）第 3 期。

王佳宁、李国祥、秦中春、蒋和平、周应恒、程国强，2015，《中央"一号文件"背景的国家粮食安全改革传媒发行人、编辑总监王佳宁深度对话五位农经学者》，《改革》第 2 期。

王金霞、张丽娟，2010，《保护性耕作技术对农业生产的影响：黄河流域的实证研究》，《管理评论》第 6 期。

王金霞、张丽娟、黄季焜、Scott Rozelle，2009，《黄河流域保护性耕作技术的采用：影响因素的实证研究》，《资源科学》第 4 期。

王景旭、齐振宏、杨凡、周未，2010，《农户对水稻主要技术需求及其影响因素的实证研究——以湖北省为例》，《农村经济》第 10 期。

王武科、李同升、刘笑明、张建忠，2008，《农业科技园技术扩散的实证研究——以杨凌示范区为例》，《经济地理》第 7 期。

王晓蓉、宋治文、贾宝红、信丽媛、王丽娟、张玉玮，2015，《蔬菜种植者新品种选择影响因素的实证分析——基于天津市的调查数据》，《江苏农业科学》第 1 期。

王晓蜀、王燕清、武拉平，2015，《赤眼蜂防治玉米螟技术采用影响因素分析——兼论技术特性对技术采用的影响》，《科技与经济》第 5 期。

王秀东、王永春，2008，《基于良种补贴政策的农户小麦新品种选择行为分析——以山东、河北、河南三省八县调查为例》，

《中国农村经济》第 7 期。

王兆林，2013，《加快培育新型农业生产经营主体》，《广西日报》4 月 16 日 006 版。

王志刚、王磊、阮刘青、胡慧英、方福平、廖西元，2007，《农户采用水稻高产栽培技术的行为分析》，《中国稻米》第 1 期。

温卡华，2002，《实现农业技术推广体制由政府主导型向市场主导型的转变》，《农业技术经济》第 3 期。

翁贞林、阮华，2015，《新型农业经营主体：多元模式、内在逻辑与区域案例分析》，《华中农业大学学报（社会科学版)》第 5 期。

吴敬学、杨巍，2007，《中国农户行为对采用农业技术的影响实证分析——基于中国主要粮食作物入户调查问卷分析》，载《建设我国现代化农业的技术经济问题研究——中国农业技术经济研究会 2007 年学术研讨会论文集》，中国农业技术经济研究会 2007 年学术研讨会（杨凌）。

吴连翠、柳同音，2012，《粮食补贴政策与农户非农就业行为研究》，《中国人口·资源与环境》第 2 期。

夏宁、夏锋，2006，《自然保护区林缘社区农户技术选择行为分析——以白水江国家级自然保护区个案》，《农村经济》第 8 期。

夏勇开、刘殿国，2011，《香蕉种植户技术需求行为及影响因素的实证分析——以广西香蕉种植户的调查为例》，《热带生物学报》第 1 期。

向国成、肖国安、李援媛，2002，《论我国农业组织模式发展的阶段性及当前的选择》，《中国软科学》第 6 期。

肖建英、谭术魁、程明华，2012，《保护性耕作的农户响应意愿实证研究》，《中国土地科学》第 12 期。

邢美华、张俊飚、黄光体，2009，《未参与循环农业农户的环保认知与影响因素研究》，《中国农村经济》第 4 期。

徐世艳、李仕宝，2009，《现阶段我国农民的农业技术需求影响因素分析》，《农业技术经济》第 4 期。

徐同道、吴冲，2008，《农户资源禀赋对优质小麦新品种选择影响之实证分析——以江苏丰县为例》，《中国农学通报》第 1 期。

徐湧泉、刘国勇，2015，《农户对新品种与新技术采用行为及影响因素研究——以五台县石村种粮农户为例》，《现代农业科技》第 1 期。

许朗、刘金金，2013，《农户节水灌溉技术选择行为的影响因素分析——基于山东省蒙阴县的调查数据》，《中国农村观察》第 6 期。

许朗、唐梦琴，2015，《农户对采用节水灌溉技术支付意愿研究——基于蒙阴县调研数据的分析》，《节水灌溉》第 1 期。

杨国强、殷秋霞、郭锦墉、刘滨、肖芳文，2014，《农业补贴政策对不同资源禀赋稻农土地流转意愿影响机理研究——基于江西样本数据》，《中国农学通报》第 20 期。

杨露，2015，《农户节水技术采纳意愿影响因素分析——订单农业背景下以微滴微灌技术为例》，《现代商贸工业》第 3 期。

杨唯一、鞠晓峰，2014，《基于博弈模型的农户技术采纳行为分析》，《中国软科学》第 11 期。

杨小山、林奇英，2011，《经济激励下农户使用无公害农药和绿色农药意愿的影响因素分析——基于对福建省农户的问卷调查》，《江西农业大学学报》（社会科学版）第 1 期。

杨宜婷，2013，《不同类型种稻大户技术应用行为研究——以江西为例》，江西农业大学硕士论文。

杨泳冰、胡浩、王益文，2012，《农户以商品有机肥替代化肥的行为分析——基于江苏南通市 228 户调查数据》，《湖南农业大学学报》（社会科学版）第 6 期。

姚华锋，2006，《江苏省农户粮食作物新品种选择实证研究》，南京农业大学硕士论文。

姚增福，2011，《黑龙江省种粮大户经营行为研究》，西北农林科技大学博士论文。

尹洪英、徐丽群、权小锋，2010，《基于解释结构模型的路网脆弱性影响因素分析》，《软科学》第 10 期。

于正松，2014，《农业科技园技术扩散的农户采用行为研究——以马铃薯种植技术为例》，西北大学博士论文。

余霜、李光、冉瑞平，2014，《基于 Logistic-ISM 模型的喀斯特地区农户耕地保护行为影响因素分析》，《地理与地理信息科学》第 3 期。

曾铮，2014，《浙江省蔬菜种植农户生产技术选择行为分析》，浙江农林大学硕士论文。

张成玉，2010，《测土配方施肥技术推广中农户行为实证研究》，《技术经济》第 8 期。

张锋、韩会平，2012，《农户采用测土配方施肥技术的增收节支效果分析》，《江苏农业学报》第 6 期。

张建杰，2008，《粮食主产区农户粮作经营行为及其政策效应——基于河南省农户的调查》，《中国农村经济》第 6 期。

张克诚，2006，《保护性耕作与病虫草害综合防治》，《农机科技推广》第 5 期。

张莉、陈强强、陈芳丽，2014，《旱作区全膜双垄沟播技术农户采纳行为及其影响因素分析——以通渭县碧玉乡为例》，《山西农业科学》第 1 期。

张晓山，2004，《促进以农产品生产专业户为主体的合作社的发展——以浙江省农民专业合作社的发展为例》，《中国农村经济》第 11 期。

张旭，2014，《种稻大户风险偏好对现代农业技术扩散的影响分析——以江西省为例》，江西农业大学硕士论文。

张云华、马九杰、孔祥智，2004，《农户采用无公害和绿色农药行为的影响因素分析——对山西、陕西和山东15县（市）的实证分析》，《中国农村经济》第1期。

张照新、赵海，2013，《新型农业经营主体的困境摆脱及其体制机制创新》，《改革》第2期。

张忠根、史清华，2001，《农地生产率变化及不同规模农户农地生产率比较研究——浙江省农村固定观察点农户农地经营状况分析》，《中国农村经济》第1期。

赵海东，2006，《我国农业技术需求行为探析》，《广西社会科学》第6期。

赵连阁、蔡书凯，2012，《农户IPM技术采纳行为影响因素分析——基于安徽省芜湖市的实证》，《农业经济问题》第3期。

赵肖柯、周波，2012，《种稻大户对农业新技术认知的影响因素分析——基于江西省1077户农户的调查》，《中国农村观察》第4期。

赵云鹏，2013，《优化对新型农业生产经营主体的金融支持》，《中国城乡金融报》1月16日B02版。

郑金英，2012，《菌草技术采用行为及其激励机制研究——以福建为例》，福建农林大学博士论文。

郑晶，2013，《种稻大户农技信息渠道选择影响因素研究——以江西省为例》，江西农业大学硕士论文。

郑雅，2013，《种稻大户农业经营管理技术需求影响因素实证分析——以江西省为例》，江西农业大学硕士论文。

中国农村科技编辑部，2013，《农行出台专业大户贷款管理办法》，《中国农村科技》第9期。

周波，2011，《江西稻农技术采用决策研究》，上海交通大学博士论文。

周波、陈曦，2013，《江西省种稻大户不同类型农业技术需求影响因素分析》，《江西农业大学学报》第1期。

周波、于冷，2011，《农业技术应用对农户收入的影响——以江西跟踪观察农户为例》，《中国农村经济》第1期。

周鹤、吉丽青、曹伟、徐丽丹、李金才、陶健、谭和祥，2014，《江阴市测土配方施肥技术应用现状与建议》，《现代农业科技》第2期。

周未，2011，《西南四省农户采纳超级稻品种的行为及影响因素研究》，华中农业大学硕士论文。

周未、刘涵、王景旭、杨凡，2010，《农户超级稻品种采纳行为及影响因素的实证研究——基于湖北省农户种植超级稻的调查》，《华中农业大学学报》（社会科学版）第4期。

朱红根、陈昭玖、翁贞林、刘小春，2008，《稻作经营大户对专业合作社需求的影响因素分析——基于江西省385个农户调查数据》，《农业经济问题》第12期。

朱萌、齐振宏、罗丽娜、黄建、李欣蕊、张董敏，2015b，《不同类型稻农保护性耕作技术采纳行为影响因素实证研究——基于湖北、江苏稻农的调查数据》，《农业现代化研究》第4期。

朱萌、齐振宏、罗丽娜、唐素云、邬兰娅、李欣蕊，2016，《基于Probit-ISM模型的稻农农业技术采用影响因素分析——以湖北省320户稻农为例》，《数理统计与管理》第1期。

朱萌、齐振宏、邬兰娅、李欣蕊、唐素云，2015a，《新型农业经营主体农业技术需求影响因素的实证分析——以江苏省南部395户种稻大户为例》，《中国农村观察》第1期。

朱希刚、黄季焜，1994，《农业技术进步测定的理论方法》，中国农业科技出版社。

祝华军、田志宏，2013，《稻农采用低碳技术措施意愿分析——基于南方水稻产区的调查》，《农业技术经济》第 3 期。

庄道元、卓翔之、黄海平、凌莉，2013，《农户小麦补贴品种选择行为的影响因素分析》，《西北农林科技大学学报》（社会科学版）第 3 期。

庄丽娟、张杰、齐文娥，2010，《广东农户技术选择行为及影响因素的实证分析——以广东省 445 户荔枝种植户的调查为例》，《科技管理研究》第 8 期。

邹宝玲、钟文晶，2014，《资源禀赋、行为能力与农户横向专业化》，《南方经济》第 12 期。

Abdulai, A., Huffman, W. E., 2005, The Diffusion of New Agricultural Technologies: The Case of Cross Bred Cow Technology in Tanzania [J]. *American Journal of Agricultural Economics*, 87 (3): 645 – 659.

Ahnstrom, J., Hockert, J., Bergea, H. L., Francis, C. A., Skelton, P., Hallgren L., 2009, Farmers and Nature Conservation: What Is Known About Attitudes, Context Factors and Actions Affecting Conservation? [J]. *Renewable Agriculture and Food Systems*, 24 (1): 38 – 47.

Alcon F., Miguel M. D. D., Burton M., 2011, Duration Analysis of Adoption of Drip Irrigation Technology in Southeastern Spain [J]. *Technological Forecasting and Social Change*, 78 (6): 991 – 1001.

Alvarez R., Diaz R. A., Barbero N., Santanatoglia O. J., Blotta L., 1995, Soil Organic Carbon, Microbial Biomass and $CO_2 -$ C Production from Three Tillage Systems [J]. *Soil and Tillage Research*, 33 (1): 17 – 28.

Atanu S., Love H. A., Schwart R., 1994, Adoption of Emerging Technologies under Output Uncertainty [J]. *American Journal of Agricultural Economics*, 76 (4): 836 – 846.

Aubert B. A. , Schroeder A. , Grimaudo J. , 2013, IT as Enabler of Sustainable Farming: An Empirical Analysis of Farmers' Adoption Decision of Precision Agriculture Technology [J]. *Decision Support Systems*, 54 (1): 510 – 520.

Balmann A. , 1997, Farm-based Modeling of Regional Structural Change: A Cellular Automata Approach [J]. *European Review of Agricultural Economics*, 24 (1): 85 – 108.

Bass F. M. , 1969, A New Product Growth for Model Consumer Durables [J]. *Management Science*, 15 (5): 215 – 227.

Batz F. J. , Peters K. J. , Janssen W. , 1999, The Influence of Technology Characteristics on the Rate and Speed of Adoption [J]. *Agricultural Economics*, 21 (2): 121 – 130.

Bell C. , 1972, The Acquisition of Agricultural Technology: Its Determinant and Effects [J]. *The Journal of Development Studies*, 9 (1): 123 – 159.

Berger T. , 2000, Agent-based Spatial Models Applied to Agriculture: A Simulation Tool for Technology Diffusion, Resource Use Changes and Policy Analysis [J]. *Agricultural Economics*, 25 (2): 245 – 260.

Blanco-Canqui H. , Lal R. , 2008, No-tillage and Soil-profile Carbon Sequestration: An On-farm Assessment [J]. *Soil Science Society of America Journal*, 72 (3): 693 – 701.

Brocke K. V. , Trouche G. , Weltzien E. , Barro-Kondombo C. P. , Go-ze E. , Chantereau J, 2010, Participatory Variety Development for Sorghum in Burkina Faso: Farmers' Selection and Farmers' Criteria [J]. *Field Crops Research*, 119 (1): 183 – 194.

Bultena G. L. , Hoiberg E. O. , 1983, Factors Affecting Farmers' Adoption of Conservation Tillage [J]. *Journal of Soil and Water Conser-*

vation, 38 (3): 281 –284.

Burton R. J. F. , Schwarz G. , 2013, Result-oriented Agri-environmental Schemes in Europe and Their Potential for Promoting Behavioural Change [J]. *Land Use Policy*, 30 (1): 628 –641.

Byerlee D. , De Polanco E. H. , 1986, Farmers' Stepwise Adoption of Technological Packages: Evidence from the Mexican Altiplano [J]. *American Journal of Agricultural Economics*, 68 (3): 519 –527.

Cai X. , Rosegrant M. W. , 2004, Irrigation Technology Choices under Hydrologic Uncertainty: A Case Study from Maipo River Basin, Chile [J]. *Water Resource Research*, (4): 1 –10.

Carey J. M. , Zilberman D. , 2002, A Model of Investment under Uncertainty: Modern Irrigation Technology and Emerging Markets in Water [J]. *American Journal of Agricultural Economics*, 84 (1): 171 –183.

Chaves B. , Riley J. , 2001, Determination of Factors Influencing Integrated Pest Management Adoption in Coffee Berry Borer in Colombian Farms [J]. *Agriculture, Ecosystems&Environment*, 87 (2): 159 –177.

Cochrane W. W. , 1958, *Farm Prices: Myth and Reality* [M]. Minneapolis: University of Minnesota Press.

Colette W. A. , Almas L. K. , Sehuster G. L. , 2001, Evaluating the Impact of Integrated Pest Management on Agriculture and the Environment in the Texas Panlhandle [R]. Western Agricultural Economics Association Annual Meetings, Logan Utah.

Cuyno L. C. M. , Norton G. W. , Rola A. , 2001, Economic Analysis of Environmental Benefits of Integrated Pest Management: A Philippine Case Study [J]. *Agricultural Economics*, 25 (2 –3), 227 –233.

Dadi L. , Burton M. , Ozanne A. , 2004, Duration Analysis of Technological Adoption in Ethiopian Agriculture [J]. *Journal of Agricultural Economics*, 55 (3): 613 – 631.

Daku L. S. , 2002, Assessing Farm-level and Aggregate Economic Impacts of Olive Integrated Pest Management Programs in Albania: An Ex-ante Analysis [D]. Virginia: Virginia Polytechnic Institute and State University.

Dasgupta S. , Meisner C. , Wheeler D. , 2007, Is Environmentally Friendly Agriculture Less Profitable for Farmers? Evidence on Integrated Pest Management in Bangladesh [J]. *Applied Economic Perspectives and Policy*, 29 (1): 103 – 118.

De Souza Filho H. M. , Young T. , Burton M. P. , 1999, Factors Influencing the Adoption of Sustainable Agricultural Technologies: Evidence from the State of Espirito Santo, Brazil [J]. *Technological Forecasting and Social Change*, 60 (2): 97 – 112.

Dercon S. , Christiaensen L. , 2011, Consumption Risk, Technology Adoption and Poverty Raps: Evidence from Ethiopia [J]. *Journal of Development Economics*, 96 (2): 159 – 173.

Dimara E. , Skuras D. , 2003, Adoption of Agricultural Innovations as A Two-stage Partial Observability Process [J]. *Agricultural Economics*, 28 (3): 187 – 196.

Dong D. , Saha A. , 1998, He Came, He Saw, (and) He Waited: An Empirical Analysis of Inertia in Technology Adoption [J]. *Applied Economics*, 30 (7): 893 – 905.

Doss C. R. , Morris M. L. , 2000, How Does Gender Affect the Adoption of Agricultural Innovations? The Case of Improved Maize Technology in Ghana [J]. *Agricultural Economics*, 25 (1): 27 – 39.

D'Antoni J. M. , Mishra A. K. , Joo H. , 2012, Farmers' Perception of Precision Technology: The Case of Autosteer Adoption by Cotton Farmers [J]. *Computers and Electronics in Agriculture*, 87: 121 – 128.

D'Emden F. H. , Llewellyn R. S. , Burton M. P. , 2006, Adoption of Conservation Tillage in Australian Cropping Regions: An Application of Duration Analysis [J]. *Technological Forecasting and Social Change*, 73 (6): 630 – 647.

Ervin D. E. , 1982, Soil Erosion Control on Owner-operated and Rented Cropland [J]. *Journal of Soil and Water Conservation*, 37 (5): 285 – 288.

Espinosa-Goded M. , Barreiro-Hurle J. , Ruto E. , 2010, What Do Farmers Want from Agri-environmental Scheme Design? A Choice Experiment Approach [J]. *Agricultural Economics Society*, 61 (2): 259 – 273.

Feder G. , 1980, Farm Size, Risk Aversion and the Adoption of New Technology under Uncertainty [J]. *Oxford Economic Papers*, 32 (2): 263 – 283.

Feder G. , Just R. E. , Zilberman D. , 1985, Adoption of Agricultural Innovations in Developing Countries: A Survey [J]. *Economic Development and Cultural Change*, 33 (2): 255 – 298.

Feder G. , O'Mara G. T. , 1981, Farm Size and the Diffusion of Green Revolution Technology [J]. *Economic Development and Cultural Change*, 30 (1): 59 – 76.

Feder G. , Slade R. , 1984, The Acquisition of Information and the Adoption of New Technology [J]. *American Journal of Agricultural Economics*, 66 (3): 312 – 320.

Fibl A. , 2010, *Swiss Association for the Development of Rural Areas and Research Institute for Organic Agriculture* [M]. Switzerland:

Deckungsbeitrge.

Finger R. , Benni N. E. , 2013, Farmer' Adoption of Extensive Wh-eat Production-determinants and Implications [J]. *Land Use Policy*, 30 (1): 206 – 213.

Fisher E. O. , 1995, Growth, Trade and International Transfers [J]. *Journal of International Economics*, 39 (1 – 2): 143 – 158.

Food and Agriculture Organization (FAO), 2001, *The Economics of Soil Productivity in Sub-sahar an Africa* [M]. Rome: Food and Agriculture Organization of the United Nations.

Food and Agriculture Organization (FAO), 2007, Conservation Agriculture [EB/OL]. http://www. fao. org/AG/magazine/0110sp. htm

Giller K. E. , Witter E. , Corbeels M. , Tittonell P. , 2009, Conservation Agriculture and Smallholder Farming in Africa: The Heretics' View [J]. *Field Crops Research*, 114 (1): 23 – 34.

Haggblade S. , Tembo G. , 2003, Development, Diffusion and Impact of Conservation Farming in Zambia [R]. Working Paper.

Hashemi S. M. , Damalas C. A. , 2010, Farmers Perceptions of Pesticide Efficacy: Reflections on the Importance of Pest Management Practices Adoption [J]. *Journal of Sustainable Agriculture*, 35 (1), 69 – 85.

He X. F. , Deng C. Q. , 2007, Adoption and Diffusion of Sustainable Agricultural Technology: An Econometric Analysis [C]. Proceedings of the 2007 International Conference on Agriculture Engineering, 841 – 844.

Herath C. S. , 2013, Does Intention Lead to Behavior? A Case Study of the Czech Republic Farmers [J]. *Agricultural Economics*, 59 (3): 143 – 148.

Horna J. D. , Smale M. , Oppen M. V. , 2007, Farmer Willing-ness to Pay for Seed-related Information: Rice Varieties in Nigeria and Benin [J]. *Environment and Development Economics*, 12 (6): 799 – 825.

Jack B. K. , 2009, Barriers to the Adoption of Agricultural Tech-nologies in Developing Countries [J]. *Agricultural Technology*, 24 (12): 132 – 143.

Jaffe A. B. , Palmer K. , 1997, Environmental Regulation and Innovation: A Panel Data Study [J]. *The Review of Economics and Statistics*, 79 (4): 610 – 619.

Karshenas M. , Stoneman P. L. , 1993, Rank, Stock, Order and Epidemic Effects in the Diffusion of New Process Technology [J]. *Rand Journal of Economics*, 24 (4): 503 – 527.

Khanna M. , 2001, Sequential Adoption of Site-specific Technol-ogies and its Implication for Nitrogen Productivity: A Double Selectivi-ty Model [J]. *American Journal of Agricultural Economics*, 83 (1): 35 – 51.

Knowler D. , Bradshaw B. , 2007, Farmers' Adoption of Conser-vation Agriculture: A Review and Synthesis of Recent Research [J]. *Food Policy*, 32 (1): 25 – 48.

Kremer K. S. , Carolan M. , Gasteyer S. , Tirmizi S. N. , Korsch-ing P. F. , Peter G. , Tong P. S. , 2001, Evolution of An Agricultural Innovation: The N-Trak Soil Nitrogen Test——Adopt and Discontinue, or Reject? [J]. *Technology in Society*, 23 (1): 93 – 108.

Lapple D. , 2010, Adoption and Abandonment of Organic Farm-ing: An Empirical Investigation of the Irish Drystock Sector [J]. *Jour-nal of Agricultural Economics*, 61 (3): 697 – 714.

Lee L. K. , Stewart W. H. , 1983, Landownership and the Adoption of Minimum Tillage [J]. *American Journal of Agricultural E-conomies*, 65 (2): 256 – 264.

Lee Y. , Kozar K. A. , Larsen K. R. T. , 2003, The Technology Acceptance Model: Past, Present, and Future [J]. *Communication Association and Information System*, 12 (1): 752 – 780.

Lybbert T. J. , Sumner D. A. , 2012, Agricultural Technologies for Climate Change in Developing Countries: Policy Options for Innovation and Technology Diffusion [J]. *Food Policy*, 37 (1): 11 – 123.

Maddison D. J. , 2007, The Perception of Adaptation to Climate Change in Africa [R]. Working Paper.

Maertens A. , Barrett C. B. , 2013, Measuring Social Networks' Effects on Agricultural Technology Adoption [J]. *American Journal of Agricultural Economics*, 95 (2): 353 – 359.

Mariano M. J. , Villano R. , Fleming E. , 2012, Factors Influencing Farmers' Adoption of Modern Rice Technologies and Good Management Practices in the Philippines [J]. *Agricultural Systems*, 110 (7): 41 – 53.

Mather D. L. , Bernsten R. , Rosas J. C. , Ruano A. V. , Escoto D. , 2003, The Economic Impact of Bean Disease Resistance Research in Honduras [J]. *Agricultural Economics*, 29 (3): 343 – 352.

Mauceri M. , 2004, Adoption of Integrated Pest Management Technologies: A Case Study of Potato Farmers in Carchi Ecuador [D]. Blacksburg: Virginia Polytechnic Institute and State University.

Mauceri M. , Alwang J. , Norton G. , Barrera V. , 2007, Effectiveness of Integrated Pest Management Dissemination Techniques: A Case Study of Potato Farmers in Carchi, Ecuador [J]. *Journal of Agricultural and Applied Economics*, 39 (3): 765 – 780.

Maumbe B. M. , Swinton S. M. , 2000, Why Do Smallholder

Cotton Growers in Zimbabwe Adopt IPM? The Role of Pesticide-related Health Risks and Technology Awareness [R]. The Annual Meeting of the American Agricultural Economics Association, Tampa.

Mbaga-Semgalawe Z. , Folmer H. , 2000, Household Adoption Behaviour of Improved Soil Conservation: The Case of the North Pare and West Usambara Mountains of Tanzania [J]. *Land Use Policy*, 17 (4): 321 –336.

Mohapatra R. , 2011, Farmers' Education and Profit Efficiency in Sugarcane Production: A Stochastic Frontier Profit Function Approach [J]. *The IUP Journal of Agricultural Economics*, 8 (2): 18 –31.

Mukherjee I. , Arora S. , 2011, Impact Analysis of IPM Programs in Basmati Rice by Estimation of Pesticide Residues [J]. *Bulletin of Environmental Contamination and Toxicology*, 86 (3): 307 –313.

Nhemachena C. , Hassan R. M. , 2007, Micro-level Analysis of Farmers' Adaptation to Climate Change in Southern Africa [R]. Discussion Paper.

Noltze M. , Schwarze S. , Qaim M. , 2012, Understanding the Adoption of System Technologies in Smallholder Agriculture: The System of Rice Intensification (SRI) in Timor Leste [J]. *Agricultural Systems*, 108 (4): 64 –73.

Ortiz O. , Orrego R. , Pradel W. , Gildemacher P. , Castillo R. , Otiniano R. , Gabriel J. , Vallejo J. , Torres O. , Woldegiorgis G. , Damene B. , Kakuhenzire R. , Kasahija I. , Kahiu I. , 2013, Insights into Potato Innovation Systems in Bolivia, Ethiopia, Peru and Uganda [J]. *Agricultural Systems*, 114: 73 –83.

Pamuk H. , Bulte E. , Adekunle A. A. , 2014, Do Decentralized Innovation Systems Promote Agricultural Technology Adoption? Experimental Evidence from Africa [J]. *Food Policy*, 44: 227 –236.

Paxton K. W. , Mishra A. K. , Chintawar S. , Roberts R. K. , Larson J. A. , English B. C. , Lambert D. M. , Marra M. C. , Larkin S. L. , Reeves J. M. , Martin S. W. , 2011, Intensity of Precision Agriculture Technology Adoption by Cotton Producers [J]. *Agricultural and Resource Economics Review*, 40 (12): 133 – 144.

Payne J. , Fernandez-Cornejo J. , Daberkow S. , 2003, Factors Affecting the Likelihood of Corn Rootworm Bt Seed Adoption [J]. *The Journal of Agrobiotechnology Management & Economics*, (2): 79 – 86.

Resosudarmo B. P. , 2001, Impact of the Integrated Pest Management Program on the Indonesian Economy [R]. Working Paper.

Rogers E. M. , 1962, *Diffusion of Innovations* [M]. New York: Free Press of Glencoe, 41 – 56.

Rogers, 1998/2012, Diffusion of Innovation (3rd Edition) [EB/OL]. http://www. rogerClarke. com/SOS/InnDiff. html

Saint-Macary C. , Keil A. , Zeller M. , Heidhues F. , Dung P. T. M. , 2010, Land Titling Policy and Soil Conservation in the Northern Uplands of Vietnam [J]. *Land Use Policy*, 27 (2): 617 – 627.

Sattler C. , Nagel U. J. , 2010, Factors Affecting Farmers' Acceptance of Conservation Measures——A Case Study from North-eastern Germany [J]. *Land Use Policy*, 27 (1): 70 – 77.

Schuck E. C. , Frasier W. M. , Webb R. S. , Ellingson L. J. , Umberger WJ, 2005, Adoption of More Technically Efficient Irrigation Systems as A Drought Response [J]. *Water Resources Development*, 21 (4): 651 – 662.

Schuler J. , Sattler C. , 2010, The Estimation of Agricultural Policy Effects on Soil Erosion: An Application for the Bio-economic Model Modam [J]. *Land Use Policy*, 27 (1): 61 – 69.

Serra T. , Zilberman D. , Gil J. M. , 2008, Differential Uncertainties and Risk Attitudes between Conventional and Organic Producers: The Case of Spanish Arable Crop Farmers [J]. *Agricultural Economics*, 39 (2): 219 – 229.

Sheikh A. D. , Rehman T. , Yates C. M. , 2003, Logit Models for Identifying the Factors That Influence the Uptake of New No-tillage Technologies by Farmers in the Rice-wheat and the Cotton-wheat Farming Systems of Pakistan's Punjab [J]. *Agricultural Systems*, 75 (1): 79 – 95.

Shively G. E. , 2001, Poverty, Consumption Risk, and Soil Conservation [J]. *Journal of Development Economics*, 65 (2): 267 – 290.

Smale M. , Heisey P. W. , Leathers H. D. , 1995, Maize of the Ancestors and Modern Varieties: The Microeconomics of High-yielding Variety Adoption in Malawi [J]. *Economic Development and Cultural Change*, 43 (2): 351 – 368.

Soule M. J. , Tegene A. , Wiebe K. D. , 2000, Land Tenure and the Adoption of Conservation Practices [J]. *American Journal of Agricultural Economics*, 82 (4): 993 – 1005.

Tey S. Y. , Brindal M. , 2012, Factors Influencing the Adoption of Precision Agricultural Technologies: A Review for Policy Implications [J]. *Precision Agriculture*, 13 (6): 713 – 730.

Thangata P. H. , Alavalapati J. R. R. , 2003, Agroforestry Adoption in Southern Malawi: The Case of Mixed Intercropping of Gliricidia Sepium and Maize [J]. *Agricultural Systems*, 78 (1): 57 – 71.

Thapa GB, Rattanasuteerakul K, 2011, Adoption and Extent of Organic Vegetable Farming in Mahasarakham Province, Thailand [J]. *Applied Geography*, 31 (1): 201 – 209.

Tobin D. , Thomson J. , LaBorde L. , Radhakrishna R. , 2013,

Factors Affecting Growers' On-farm Food Safety Practices: Evaluation Findings from Penn State Extension Programming [J]. *Food Control*, 33 (1): 73 – 80.

Venkatesh V., Davis F. D., 2000, A Theoretical Extension of the Technology Acceptance Model [J]. *Management Science*, 46 (2): 186 – 204.

Vignola R., Koellner T., Scholz R. W., McDaniels T. L., 2010, Decision-making by Farmers Regarding Ecosystem Services: Factors Affecting Soil Conservation Efforts in Costa Rica [J]. *Land Use Policy*, 27 (4): 1132 – 1142.

Welch F., 1970, Education in Production [J]. *Journal of Political Economy*, 78 (1): 35 – 59.

Williams T. O., 1999, Factors Influencing Manure Application by Farmers in Semi-arid West Africa [J]. *Nutrient Cycling in Agroecosystems*, 55 (1): 15 – 22.

Yudelman M., Ratta A., Nygaard D. F., 1998, *Pest Management and Food Production: Looking to the Future* [M]. Washington D. C.: International Food Policy Research Institute.

Zilberman D., Just R. E., 1982, Labor Supply Uncertainty and Technology Adoption [R]. Working Paper.

▶ 附　录

附录1　国家科技支撑计划水稻产业技术调研问卷
（湖北省调研问卷）

感谢您参加我们的水稻集成技术体系调查，本调查问卷的目的在于全面了解当前我省水稻生产现状、生产中存在的突出问题及技术需求状况，从而为水稻科研提供科学依据。请您如实填写。请在您认为合适的选项框"□"内划上"√"。衷心感谢您的参与！

"十二五"国家科技支撑计划课题组

一、您的个人信息

您所在地区：_____省_____市_____县_____镇_____村　联系电话（自愿）：

1. 您的年龄（　）岁

2. 您的性别：□男　□女

3. 您所处的地理环境：□平原　□丘陵　□山区

4. 您的学历：□未读书　□小学　□初中　□高中及中专
　　　　　　　□大专及以上

5. 您的家庭人均年收入情况：务农收入（　　　）元，非务农收入（　　　）元

6. 您家共有几口人？（　　　），其中在家务农几口人？（　　　）

7. 您健康状况：□很健康　□健康　□一般　□比较差
　　　　　　　□非常差

8. 您家总共耕种水稻面积（　　　）亩，其中自有地（　　　）亩，由（　　　）块田组成承包农田所支付租金：2012 年（　　　）元/亩，或者稻谷（　　　）公斤/亩

9. 您属于：□纯务农　□兼业户：既务农又打工（或经商）

10. 您家房子面积（　　　）M^2，现值（　　　）元
家庭资产（观察评估）：□很好　□较好　□一般
　　　　　　　　　　　□较差　□很差

11. 您的亲朋好友是否有"能人"：□是　□否

12. 您的亲朋好友是否"人多势众"：□是　□否

二、您种植水稻情况与看法

13. 您家今年种植水稻情况？

	品种	面积	亩产（斤）	出售价格 （元/100 斤）	最低收购价 （元/100 斤）
□早稻 □中稻 □晚稻					

14. 您在选择水稻品种时主要考虑：（可多选）

□产量高　□省劳动力　□品质好　□抗旱性　□抗虫性
□粮价高　□耐逆境（耐寒、耐高温、耐倒伏、耐涝等）
□成熟早　□其他（请注明）_____

15. 您选择水稻品种的信息来源（可多选）：

□农技人员　□种子公司　□亲戚/朋友/熟人　□电视报刊

□科技示范户　□收购商　□其他

16. 您对种粮收入感到：

□很满意　□比较满意　□一般　□比较不满意

□非常不满意

17. 您家里种粮的主要目的是：

□口粮为主　□出售为主

18. 您得到的国家粮食补贴情况

农资综合直补资金（元/亩）	粮食直补（元/亩）	农机具购置补贴	良种补贴	总计

19. 您对国家粮食补贴政策感到：

□很满意　□比较满意　□一般　□比较不满意

□非常不满意

20. 您常用的水稻育秧方式：

□软盘育秧　□旱育秧　□水育秧　□其他

21. 您采取的水稻移栽方式：

□手插秧　□机插秧　□机械直播　□抛秧　□其他

22. 您采用的稻田整地方式

□免耕　□少耕　□翻耕　□其他

23. 您一季稻打农药情况

	打农药次数	农药价格（元/公斤）	农药用量（公斤/亩）	打药用工
早稻				
中稻/单季稻				
双季晚稻				

24. 您使用了哪些稻田机械（可多选）：

□耕田机　□插秧机　□喷雾器　□收割机　□直播机

□农用车　□其他

25. 请您估算水稻每亩生产成本：

单位：元/亩

核算项目	种子	肥料	农药	水费	人工费	机械作业费	蓄力作业费	其他	总成本
早稻									
中稻/单季稻									
双季晚稻									

26. 您种植水稻遇上最多的自然灾害是：（可多选）

□旱灾　□水灾　□冻灾　□虫灾　□草灾

□环境污染　□其他

27. 您获取种粮技术主要是通过：

□周围农户　□农技推广人员　□电视报刊　□亲戚朋友

□科技示范户　□种子公司　□其他

28. 您是（　）否（　）参加过农业技术培训（选择"是"就继续填写）：

□很多　□较多　□一般　□较少　□很少

29. 水稻生产中您使用了哪些技术？

□新品种　□高产栽培技术

□病虫草害防治技术（如生物、物理防治）　□新农药

□新化肥　□有机肥　□测土配方施肥　□机械化

□其他（请注明）＿＿＿＿＿＿＿

30. 您认为当前发展水稻生产最迫切需要解决的是哪些技术问题？

□新品种　□高产栽培技术

□病虫草害防治技术（如生物、物理防治）

□新农药　□新化肥　□有机肥　□测土配方施肥

□机械化　□其他（请注明）_____

31. 您所在地的农业基础设施条件：

□很好　□较好　□一般　□较差　□很差

32. 您的土地是否存在流转？　□是　□否

33. 您的土地流转的方式（可多选）：

□互换　□转包、转让　□股份合作　□租赁　□代种

34. 您对当前土地流转状况感到：

□很满意　□比较满意　□一般　□比较不满意

□非常不满意

35. 土地流转的年限：

□1 年　□2～5 年　□5 年以上

36. 您生产资金来源（可多选）：

□自有资金　□民间高息借贷　□农村信用社借贷

□亲戚朋友邻居借

37. 您是否有以下意愿（可多选）：

□单改双　□双改单　□非粮化　□农田流出　□农田流入

□农技有偿使用　□设施投入

38. 您感到您的种粮能力：

□很好　□较好　□一般　□较差　□很差

39. 在种粮中，您现在最担心的问题是：

□土地流转难　□雇工难，成本高　□粮价低

□水利基础设施差　□农资价格高　□自然灾害大

□缺少良种　□管理水平不足　□贷款难

□其他（请注明）_____

40. 在种田时，您是否雇工：□是　□否

雇工人数（　）人，其中长期雇工（　）人；短期雇工（仅农忙时雇工）（　）人

41. 您在种田时是否参加了农业保险：□是　□否

42．您种粮的积极性：
□非常高　□比较高　□一般　□比较低　□非常低

本次调查结束，再次衷心感谢您的合作与支持！

附录2　国家科技支撑计划水稻产业技术调研问卷
（江苏省调研问卷）

感谢您参加我们的水稻集成技术体系调查，本调查问卷的目的在于全面了解当前我省水稻生产现状、生产中存在的突出问题及技术需求状况，从而为水稻科研提供科学依据。请您如实填写。请在您认为合适的选项框"□"内划上"√"。衷心感谢您的参与！

"十二五"国家科技支撑计划课题组

一、您的个人信息

您所在地区：_____省_____市_____县_____镇_____村　联系电话（自愿）：

1．您的年龄：（　）岁

2．您的性别：□男　□女

3．您所处的地理环境：□湖区　□平原　□丘陵　□山区

4．您的学历：□未读书　□小学　□初中　□高中及中专
□大专及以上

5．您的家庭人均年收入情况：务农收入（　）元，非务农收入（　）元

6．您家共有几口人？（　），其中在家务农几口人？（　）

7. 您健康状况：□很健康　□健康　□一般
　　　　　　　　□比较差　□非常差

8. 您家总共耕种农田面积（　）亩，其中自有地（　）亩，由（　）块田组成，承包农田所支付租金：2012 年（　）元/亩，或者稻谷（　）公斤/亩

9. 您属于：□纯务农　□兼业户：既务农又打工（或经商）

10. 您家房子面积（　）M^2，现值（　）元
家庭资产（观察评估）：□很好　□较好　□一般
　　　　　　　　　　　□较差　□很差

11. 您是否参加农民专业合作社：□是　□否

12. 您的亲朋好友是否"人多势众"：□是　□否

二、您种植水稻情况与看法

13. 您家今年种植水稻情况？

	品种	面积	亩产（斤）	出售价格（元/100 斤）	最低收购价（元/100 斤）
□早稻 □中稻 □晚稻					

14. 您在选择水稻品种时主要考虑：（可多选）
□产量高　□省劳动力　□品质好　□抗旱性　□抗虫性
□耐逆境（耐寒、耐高温、耐倒伏、耐涝等）
□售价高　□成熟期　□其他

15. 您选择水稻品种的信息来源（可多选）：
□农技人员　□种子公司　□亲戚/朋友/熟人　□电视报刊
□家里人　□收购商　□经验　□其他

16. 您对种粮收入感到：
□很满意　□比较满意　□一般　□比较不满意
□非常不满意

17. 您家里种粮的主要目的

□口粮为主　　□出售为主

18. 您得到的国家粮食补贴情况

农资综合直补资金（元/亩）	粮食直补（元/亩）	农机具购置补贴	良种补贴	总计

19. 您对国家粮食补贴政策感到：

□很满意　　□比较满意　　□一般　　□比较不满意

□非常不满意

20. 您常用的水稻育秧方式：

□软盘育秧　　□旱育秧　　□水育秧　　□其他

21. 您采取的水稻移栽方式：

□手插秧　　□机插秧　　□机械直播　　□抛秧　　□其他

22. 您采用的稻田整地方式

□免耕　　□少耕　　□翻耕　　□其他

23. 您一季稻打农药情况

	打农药次数	农药价格（元/公斤）	农药用量（公斤/亩）	打药用工
早稻				
中稻/单季稻				
双季晚稻				

24. 您使用了哪些稻田机械（可多选）：

□耕田机　　□插秧机　　□喷雾器　　□收割机　　□直播机

□农用车　　□其他

25. 请您估算水稻每亩生产成本

单位：元/亩

核算项目	种子	肥料	农药	水费	人工费	机械作业费	蓄力作业费	其他	总成本
早稻									

核算项目	种子	肥料	农药	水费	人工费	机械作业费	蓄力作业费	其他	总成本
中稻/单季稻									
双季晚稻									

26. 您种植水稻遇上最多的自然灾害是：（可多选）

□旱灾　□水灾　□冻灾　□虫灾　□草灾　□环境污染
□倒伏　□其他

27. 您获取种粮技术主要是通过：

□周围农户　□农技推广人员　□电视报刊　□亲戚朋友
□家里人　□种子公司　□经验　□其他

28. 政府组织农业技术培训的次数（　），您是（　）否
（　）参加农业技术培训（选"是"继续填写）：

□很多　□较多　□一般　□较少　□很少

29. 水稻生产中，您使用了哪些技术？

□新品种　□高产栽培技术
□病虫草害防治技术（如生物、物理防治）
□新农药　□新化肥　□有机肥　□测土配方施肥
□机械化　□其他（请注明）＿＿＿＿＿＿

30. 您认为当前发展水稻生产最迫切需要解决的是哪些技术
问题？

□新品种　□高产栽培技术
□病虫草害防治技术（如生物、物理防治）
□新农药　□新化肥　□有机肥　□测土配方施肥
□机械化　□其他（请注明）＿＿＿＿＿＿

31. 您所在地的农业基础设施条件：

□很好　□较好　□一般　□较差　□很差

32. 您的土地是否存在流转？　□是　□否；假如是，是否
签订正式合同：□是　□否

33. 您的土地流转的方式：

☐互换　☐转包、转让　☐股份合作　☐租赁

34. 您对土地流转的状况感到：

☐很满意　☐比较满意　☐一般　☐比较不满意

☐非常不满意

35. 土地流转的年限：

☐1 年　☐2～5 年　☐5 年以上

36. 您生产资金来源（可多选）：

☐自有资金　☐民间高息借贷　☐农村信用社借贷

☐亲戚朋友借　☐农资部门赊销

37. 您是否有以下意愿（可多选）：

☐单改双意愿　☐双改单意愿　☐非粮化意愿　☐农田流出

☐农田流入　☐农技有偿使用意愿　☐设施投入意愿

38. 您感到您的种粮能力：

☐很好　☐较好　☐一般　☐较差　☐很差

39. 如果您是种田大户，您现在最担心的问题是：

☐土地流转难　☐雇工难，成本高　☐粮价低

☐水利基础设施差　☐农资价格高

☐自然灾害大　☐缺少良种　☐管理水平不足　☐贷款难

☐其他（请注明）_____

40. 您在种田时，是否雇工：☐是　☐否　雇工人数（　）人，其中长期雇工人数（　）；短期雇工人数（仅农忙时雇工）（　）

41. 您在种田时是否购买了农业保险：☐是　☐否

42. 您种粮的积极性：

☐非常高　☐比较高　☐一般　☐比较低　☐非常低

本次调查结束，再次衷心感谢您的合作与支持！

图书在版编目（CIP）数据

新型农业经营主体农业技术采用行为研究／朱萌，
沈祥成著. —— 北京：社会科学文献出版社，2018.9
ISBN 978 - 7 - 5201 - 3006 - 6

Ⅰ.①新…　Ⅱ.①朱…②沈…　Ⅲ.①农业技术 - 技
术革新 - 应用 - 农业生产 - 生产管理 - 研究 - 中国　Ⅳ.
①F325.2

中国版本图书馆 CIP 数据核字（2018）第 146966 号

新型农业经营主体农业技术采用行为研究

著　　者／朱　萌　沈祥成

出 版 人／谢寿光
项目统筹／任晓霞
责任编辑／任晓霞　吕　颖

出　　版／社会科学文献出版社·社会学出版中心（010）59367159
　　　　　　地址：北京市北三环中路甲 29 号院华龙大厦　邮编：100029
　　　　　　网址：www.ssap.com.cn
发　　行／市场营销中心（010）59367081　59367018
印　　装／三河市龙林印务有限公司

规　　格／开　本：787mm×1092mm　1/16
　　　　　　印　张：11.5　字　数：150 千字
版　　次／2018 年 9 月第 1 版　2018 年 9 月第 1 次印刷
书　　号／ISBN 978 - 7 - 5201 - 3006 - 6
定　　价／59.00 元

本书如有印装质量问题，请与读者服务中心（010 - 59367028）联系